1일 1문장
초등 자기주도
글쓰기의 힘

1일 1문장 초등 자기주도 글쓰기의 힘

송재환 지음

위즈덤하우스

프롤로그

주도적으로 쓰는 아이가 되는 비법,
하루 한 문장이면 충분합니다

글쓰기를 처음 시작할 때만 해도 글쓰기는 글재주가 있는 사람이 쓰는 것이라 생각했습니다. 글쓰기를 단순히 테크닉이나 솜씨 정도로 생각했던 것입니다. 하지만 글을 쓰면서 이 생각이 얼마나 얄팍하고 잘못된 생각이었는지를 알게 되었습니다. 글쓰기는 단순한 재주가 아니라, 그 사람의 모든 것이 가장 잘 드러나는 것이라 할 수 있습니다.

아이들이 쓴 글을 찬찬히 들여다보면 글에 아이의 모든 것이 담겨 있다는 걸 알 수 있습니다. 아이의 기쁨과 행복, 슬픔과 한숨, 원망과 좌절, 환희와 즐거움의 순간이 고스란히 담겨 있습니다. 부모님과 선생님에게 미처 다 표현하지 못했던 흥분과 기쁨이 녹아 있는가 하면, 미처 다 말하지 못한 슬픔과 아픔이 녹아 있기도 합니다. 아이의 말이나 얼굴 표정보다 아이가 쓴 글은 더 많은 말을 합니다. 다만 자신의 모든 것을 글에 잘 담아내는 아이가 있는가 하면, 어떤 아이는 담아내지 못할 뿐입니다. 자신을 글에 잘 담아내는 사람과 그렇지 못한 사람은 분명 엄청난 차이가 납니다.

직장인을 대상으로 한 설문조사에서 '보고서와 문서작성에 스트레스를 받은 적이 있는가?'라는 물음에 88%가 '그렇다'라고 답했습니다. 78%가 '글쓰기 능력과 성공은 상관관계가 있다'고 답했으며 무려 97%는 '글을 좀 더 잘 쓰고 싶다'고 답했습니다. 글쓰기의 중요성에 대해 평사원일 때보다 직급이 올라갈수록 글쓰기가 중요하다고 답했는데, 특히 차장, 부장급의 91%가 글쓰기가 중요하다고 답했다고 합니다. 이런 통계들을 종합해보면 어른들 중 열에 아홉은 글쓰기의 어려움을 호소하고 있고, 글을 좀 더 잘 쓰고 싶은 욕심이 있다는 것을 알 수 있습니다.

하지만 글이란 것이 욕심만 가지고 잘 쓸 수 있는 것은 절대 아닙니다. 글쓰기를 제대로 하려면 어린 시절부터 글쓰기가 무엇인지를 배워야 합니다. 또한 글쓰기의 중요성을 알고 글쓰기의 매력을 맛보아야 합니다. 글쓰기가 힘든 과정이긴 하지만 나름 재미도 있으며, 보람도 있다는 것을 알아야 합니다. 어떤 글이 좋은 글인지 글을 보는 안목도 키워야 하며 글을 잘 쓰기 위해서는 어떻게 해야 하는지 방법도 알아야 합니다. 이런 일련의 과정들을 경험한 아이는 글쓰기를 좋아하고 잘할 수 있습니다.

무엇보다 글쓰기가 아이의 일상에서 특별한 일이 아닌 자연스러운 일이 되어야 합니다. 자연스러운 일이 되기 위해서는 글쓰기가 어렵다는 생각과 잘 써야 하는 부담감을 떨쳐버려야 합니다. 이렇게 되기 위해서는 매일 한 문장씩이라도 글을 써보는 것이 가장 중요합니다. 쓰면 익숙해지고 익숙해지면 잘 쓰고 싶어지는 법이니까요.

부모라면 누구나 내 아이는 특별하다고 생각합니다. 또한 내 아이가 성공적인 인생을 살아가기를 원합니다. 내 아이를 특별한 아이로 키우고 싶고, 성공적인 인생을 살게 하고 싶다면 초등학교 시절부터 글쓰기를 가르치라고 말하고 싶습니다.

필자는 초등학교에서 아이들을 가르치면서 부모들에게 항상 책읽기를 강조합니다. 책읽기가 되는 아이와 책읽기가 되지 않는 아이의 학습 격차는 이루 말할 수가 없기 때문입니다. 그리고 한 걸음 더 나아가 책을 읽는 아이가 글쓰기를 시작하면 더욱 탁월한 아이로 성장합니다.

자녀의 글쓰기 지도를 고민하는 부모들과 교사들에게 이 책이 조금이나마 도움이 되었으면 하는 바람을 담으며 글을 마칩니다.

2022년 7월

교사 작가 송재환

차례

프롤로그
주도적으로 쓰는 아이가 되는 비법, 하루 한 문장이면 충분합니다 ___ 4

1장
글쓰기는 아이 인생의 가장 특별한 무기
: 스스로 쓰는 아이는 무엇이든 해낸다

01 글쓰기의 기초가 완성되는 초등 시기 ___ 17
02 특별한 아이, 미래형 인재로 자란다 ___ 22
03 자기주도적인 삶을 살게 한다 ___ 26
04 영향력 있는 삶을 살게 만든다 ___ 32
05 정직하고 가치 있는 삶을 살게 한다 ___ 35
06 마음에 새겨진 상처가 치유된다 ___ 40
07 인간관계의 소중함을 깨닫게 한다 ___ 43
08 자존감이 높은 아이로 자라게 된다 ___ 46

글쓰기 걸림돌 SOLUTION 1 발달 단계와 맞지 않는 글쓰기 ___ 49

2장
혼자서도 잘 쓰는 아이의 특급 노하우
: 좋은 글을 쓰기 위해 알아야 할 것들

01 글쓰기를 위해 필요한 능력 _____ 57
02 많이 읽고, 쓰고, 헤아리는 '삼다(三多) 원칙' _____ 62
03 힘 빼고 쓰기 _____ 66
04 좋은 재료가 되는 글감 잡기 _____ 70
05 주제를 부각시키는 글쓰기 _____ 73
06 눈길을 사로잡는 첫 문장 _____ 77
07 가독성을 높이는 문단 쓰기 _____ 82
08 글을 더욱 빛나게 하는 요소 _____ 90
09 생동감 있는 글로 만드는 법 _____ 96
10 고급스러운 글을 위한 비유의 힘 _____ 101
11 스마트폰이 아이의 글쓰기를 방해한다 _____ 106

글쓰기 걸림돌 SOLUTION 2 어른의 시선부터 바꿔야 한다 _____ 110
글쓰기 걸림돌 SOLUTION 3 글쓰기, 칭찬 경험이 중요하다 _____ 113

3장
매일 한 문장, 초등 자기주도 글쓰기
: 간단하고 쉽게 글쓰기 자신감을 채우는 법

01 한 문장의 소중함을 아는 아이 _____ 121
02 제대로 된 문장을 위한 5가지 원칙, '육자순간솔' _____ 123

03 문장력을 키우는 '문장 만들기 놀이' _____ 134
04 우등생으로 만드는 '배운 내용 한 문장으로 적기' _____ 138
05 감정 지능을 키우는 '감정 문장 적기' _____ 141
06 효과적인 독서를 위한 '한 줄 소감 문장' _____ 145
07 색다른 경험을 제공하는 '서평 쓰기' _____ 148
08 나의 마음을 두드린 '한 문장 쓰기' _____ 150
09 흔적을 남기는 '영상 시청 소감 쓰기' _____ 152
10 절제된 문장력을 키워주는 '편지 쓰기' _____ 155
11 뚜렷한 기억보다 나은 '메모하기' _____ 158
12 인생을 행복하게 만드는 '감사한 일 쓰기' _____ 160
13 작가의 문장력을 익히는 '베껴 쓰기' _____ 163

글쓰기 걸림돌 SOLUTION 4 관찰하는 힘이 글쓰기 실력을 키운다 _____ 166
글쓰기 걸림돌 SOLUTION 5 배경지식이 많을수록 글쓰기가 쉬워진다 _____ 169

4장
주도적인 삶을 위한 생활문 글쓰기
: 모든 글쓰기의 기본, 일기 쓰기

01 '일기 쓰기'는 왜 그렇게 중요할까? _____ 179
02 일기 쓸 때 유의할 점 _____ 183
03 일기를 잘 쓰는 방법 _____ 194
04 일기는 다양한 글로 변신이 가능하다 _____ 202

글쓰기 걸림돌 SOLUTION 6 글쓰기가 어렵다는 생각부터 바꾸자 _____ 210
글쓰기 걸림돌 SOLUTION 7 부모의 기다림이 필요하다 _____ 212

5장
풍성한 경험을 쌓는 독서 감상문 글쓰기
: 책읽기는 글쓰기의 가장 좋은 재료

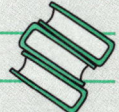

01 독서 감상문 쓸 때 유의할 점 _____ 219
02 독서 감상문의 구성 잡기 _____ 222
03 독서 감상문 쓰기의 실제 _____ 225
04 부모를 위한 독서 감상문 가이드 _____ 231

글쓰기 걸림돌 SOLUTION 8 아이다운 글을 인정해주자 _____ 236
글쓰기 걸림돌 SOLUTION 9 아이는 절대 억지로 쓸 수 없다 _____ 238

6장
생각의 틀을 잡아주는 논술 글쓰기
: 논리적으로 생각을 표현하는 훈련

01 생각을 설득력 있게 정리하는 글 _____ 245
02 논술 글쓰기에 유의할 점 _____ 247
03 4단 논법으로 자기 생각 드러내기 _____ 251
04 논술의 구성 잡기 _____ 255
05 논술 글쓰기의 실제 _____ 265

글쓰기 걸림돌 SOLUTION 10 글쓰기 실력, 얼마든지 달라질 수 있다 _____ 267

에필로그 _____ 269

1장

글쓰기는 아이 인생의 가장 특별한 무기

: 스스로 쓰는 아이는 무엇이든 해낸다

유튜브에서 흥미로운 동영상을 본 적이 있다. 사람들이 많이 지나다니는 광장에서 행인들에게 한 사내가 구걸을 한다. '나는 장님입니다. 도와주세요'라는 문구가 적힌 종이판이 앞에 놓여 있다. 열심히 구걸해보지만 행인들은 무심하게 그냥 지나친다. 이때 한 여자가 다가와서 사내의 종이판을 들더니 뒷면에 뭐라고 적고 간다. 그러자 갑자기 행인들이 사내에게 돈을 놓고 가기 시작한다. 갑자기 많아진 돈에 사내는 크게 당황한다. 잠시 후 그 여자가 다시 사내 앞에 섰을 때 사내는 묻는다.

"내 종이판에 뭐라고 적었습니까?"

"뜻은 같지만 다른 말로 썼습니다."

이 말을 남기고 여자는 다시 사라진다. 이 여자가 적은 글귀는 '아름다운 날입니다. 그러나 나는 볼 수가 없네요'였다. 다른 말로 바꾸는 순간, 기적이 일어난 것이다. 이처럼 제대로 쓰면 기적이 일어난다.

초등학교 현장에서 20년 넘게 아이들을 가르치면서 겪었던 일들과 15년 가까이 글쓰기를 하면서 느꼈던 작가로서의 경험을 살려 글쓰기의 중요성을 몇 글자 적어보고자 한다.

초등학교 시절 글쓰기는 여러모로 중요하다. 글쓰기를 처음 시작할 뿐만 아니라 글쓰기의 기초가 완성되는 시기이기 때문이다. 그렇기에 부모가 초등학교 때 글쓰기의 중요성을 알고 이에 대한 적절한 교육을 해야 할 필요가 있다.

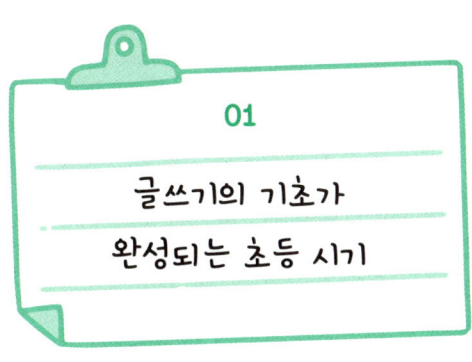

01
글쓰기의 기초가 완성되는 초등 시기

초등학교 수업 시간은 크게 3가지로 구성된다. '읽기', '활동', '쓰기'이다. 어떤 주제에 관련하여 교과서나 관련 자료를 읽고, 그에 해당하는 활동을 한다. 그리고 활동 중간 중간 혹은 최종적으로 '쓰기'로 마무리가 된다. 읽기와 활동이 제대로 이루어졌느냐 아니냐는 최종 결과물인 쓰기를 보면 알 수 있다. 국어, 수학, 사회, 과학 같은 중요 과목은 모두 '읽기', '활동', '쓰기'로 구성되어 있다고 해도 과언은 아니다.

국어 시간은 배우는 주제와 관련된 지문을 읽는다. 그리고 그 지문을 제대로 이해했는지를 묻는 물음에 답을 써야 한다. 이 과정이 끝나면 어김없이 본격적인 쓰기 활동이 찾아온다. 예를 들어 설명하는 글을 배우면 설명하는 글을 써본다든지, 편지글을 배우면 편지를 써보는 활동으로 끝나는 식이다.

수학은 쓰기와 관련이 별로 없을 것 같지만 크게 다르지 않다. 수학 개념을 배우는 과정에서 수도 없이 나오는 문장이 '이야기해보세요', '나타내어보세요', '이유를 써보세요', '과정을 써보세요', '구해보세요' 등의 문장들이다. 표현은 조금씩 다르지만 모두 쓰기와 관련된 활동이다. 쓰기가 안 되는 아이들은 수학이 어려울 수밖에 없다.

사회는 어떨까? 사회는 어떤 주제에 대해 배우고 결과물로 조사 계획서와 조사 보고서를 작성하는 내용이 많다. 계획서를 작성하거나 보고서를 작성하는 데 '쓰기'는 필수이다. 보고서에는 조사 목적, 조사 방법, 조사 내용, 알게 된 점, 느낀 점, 더 알고 싶은 점 등이 빠짐없이 들어가야 하고 알기 쉽고 조리 있게 표현을 해야 한다. 이에 고급스러운 글쓰기 능력이 필요하다.

과학은 주로 실험을 많이 진행한다. 먼저 실험 내용에 해당하는 교과서를 읽거나 교사가 제시하는 자료 등을 읽는다. 내용 이해를 한 후 실험 계획 등을 세우고, 실제 실험 활동을 진행한다. 실험을 한 후에는 실험 결과를 실험 관찰 교과서에 정리하거나 실험 보고서를 작성한다. 과학 역시도 쓰기와 떼려야 뗄 수 없는 과목이다.

이런 쓰기 활동들은 대부분 수업 시간의 최종 단계에서 꼭 이루어지는 활동 중 하나이다. 쓰기를 잘하기 위해서는 그 이전 단계인 읽기나 활동을 꼼꼼하고 완전하게 해야 한다. 또한 글을 쓸 줄 알아야 자신이 아는 것이나 활동한 것들을 효과적으로 표현할 수 있다. 쓰기가 어떤 활동보다 중요한 이유이다. 이런 이유 때문에 교사가 아이에 대해 하는 평가의 대부분은 '쓰기'인 경우가 많다. 글쓰기를 못하면 좋은 평가를 받을 수 없는 이유이다.

'쓰기'는 학교 공부 시간에만 중요한 것이 아니다. 학교에서 일명 '숙제'라고 내주는 활동은 쓰기와 관련 있는 경우가 대부분이다. '일기 쓰기, 보고서 작성하기, 보조 교과서(국어활동, 수학익힘, 실험관찰 등) 풀어오기, 독후감 써오기' 등등 굵직하고 빈번한 숙제들은 대부분 쓰기와 관련되어 있다. 이렇다 보니 쓰기를 어려워하거나 싫어하는 아이들은 학교생활이 즐거울 리 없다.

잘 드러나진 않지만 학교생활 전반에 걸쳐 엄청난 영향을 끼치는 것이 바로 '글쓰기'이다. 아이가 학교생활을 즐겁게 하길 바란다면 아이의 글쓰기를 점검해줄 필요가 있다.

아름답고 튼튼한 건물을 짓기 위해서는 기초 공사를 제대로 해야 한다. 기초가 부실해서는 건물을 높이 올릴 수도 없고 아무리 아름다운 건물일지라도 사상누각에 불과할 것이다. 글쓰기도 마찬가지이다. 글쓰기를 처음 배우는 단계부터 제대로 배워야 어른이 되어서도 글을 잘 쓸 수 있다.

글쓰기의 기초를 다지는 시기는 언제일까? 사람마다 견해가 다를 수 있겠지만 초등학교 때로 보는 것이 맞다. 초등학교 때 글쓰기라는 거대한 건물의 기초 공사가 끝난다고 보면 크게 틀리지 않다.

초등 국어 교육과정 중 '쓰기' 영역

학년군	쓰기 내용
1~2학년	* 글자를 바르게 쓰기 * 자신의 생각을 문장으로 표현하기 * 주변의 사람이나 사물에 대해 짧은 글쓰기 * 인상 깊었던 일이나 겪은 일에 대한 생각이나 느낌 쓰기
3~4학년	* 중심 문장과 뒷받침 문장 갖추어 문단 쓰기 * 시간의 흐름에 따라 사건이나 행동이 드러나게 글쓰기 * 관심 있는 주제에 대해 자신의 의견이 드러나게 글쓰기 * 읽는 이를 고려하여 자신의 마음을 표현하는 글쓰기
5~6학년	* 목적이나 주제에 따라 알맞은 내용과 매체를 선정하여 글쓰기 * 목적이나 대상에 따라 알맞은 형식과 자료를 사용하여 설명하는 글쓰기 * 적절한 근거와 알맞은 표현을 사용하여 주장하는 글쓰기 * 체험한 일에 대한 감상이 드러나게 글쓰기

위 표는 초등학교 때 다뤄지는 국어과 쓰기 영역을 정리한 내용이다. 위 표를 보면 초등학교 때 글쓰기가 어떻게 진행되는지 한눈에 들어온다. 글의 분량 면에서 저학년 때는 낱자와 문장 수준을 쓰고, 중학년 때는 문단 수준을 쓰고, 고학년 때는 하나의 글을 쓴다는 것을 알 수 있다. 글의 종류는 그림일기부터 시작해서 생활문(일기), 편지, 감상문, 보고서, 기사문, 설명문, 논설문 쓰기까지 다양하다. 초등학교

때 이미 굉장히 다양한 분야의 글쓰기를 경험하는 것이다. 어찌 보면 대다수의 사람들이 평생 쓰는 글의 대부분을 초등학교 때 맛본다고 할 수 있다. 초등학교 때 배우는 글쓰기만 잘 익혀두면 평생 글쓰기를 걱정하지 않아도 될 듯하다.

 문제는 초등학교 때 대부분 글에 대해 배우기는 하지만 제대로 배우지 못한다는 점이다. 우리나라 교육 현실에서 글쓰기 교육은 읽기나 듣기, 말하기보다 훨씬 관심 밖에 있다. 이것은 비단 교육 현장의 문제만은 아니다. 사회 전체적으로 읽기는 중시되고 있지만 쓰기는 그에 미치지 못한다. 이런 현실을 감안할 때 초등학교 시절에 글쓰기의 기초를 잘 닦아야 한다는 사실을 알아야 한다.

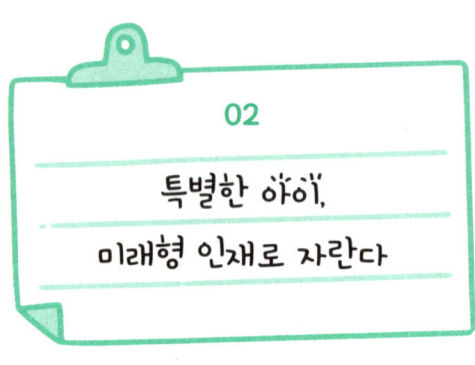

02
특별한 아이, 미래형 인재로 자란다

4학년 아이들을 가르치면서 한번은 이런 일이 있었다. 2교시 시작종이 쳤는데 한 아이 자리가 계속 빈자리이다.

"애들아, ○○이 아직 안 들어왔니? 쉬는 시간에 같이 논 친구 없니?"

이 말에 ○○의 짝꿍이 대답한다.

"선생님, 오늘 ○○이 학교 안 왔는데요?"

순간 어찌나 당황스럽던지, 아이가 안 온 줄도 모르고 2교시 수업을 진행하는 이 교사(필자)는 직무유기임이 분명하다. 그런데 고백하건대 이런 경험이 한두 번이 아니라는 사실이다. 교사가 아닌 사람들이 '어떻게 교사가 이럴 수가 있어?'라고 흥분하는 소리가 여기까지 들리는 듯하다. 하지만 교사라면 누구나 한두 번쯤은 이런 경험이 있다고 말하고 싶다. 과밀학급에서 일어날 수밖에 없는 슬픈 현실이다.

하루가 다 가도록 아이 얼굴 한 번 자세히 쳐다볼 시간이 없을 만큼 정신없이 하루가 간다. 한 아이를 오롯이 생각하는 것은 교육학 이론서에나 나오는 이야기로 치부되는 것이 현실이다. 하지만 한 아이에 대해 오롯이 생각하게 되는 시간이 있다. 바로 아이가 쓴 글을 읽게 되는 시간이다.

아이가 쓴 일기, 편지, 보고서, 학습 결과물, 공책, 과제물, 독서 감상문 등등 아이가 쓴 글을 들여다보고 있으면 자연스럽게 그 아이의 얼굴이 오버랩된다. 그 아이의 얼굴뿐만 아니라 표정, 몸짓, 말투, 버릇, 자리 모습 등이 떠오른다. 글에서 그 아이의 냄새도 스며 나오는 듯하다. 아이가 쓴 글을 읽는 동안 오롯이 그 아이만을 떠올리는 시간이다.

그저 그런 아이들의 글 틈에서 보석처럼 빛나는 아이의 글을 발견하게 되는 순간 눈이 번쩍 뜨인다. 교사로 하여금 많은 생각을 하게 만든다. 어떤 아이의 글은 '어떻게 이런 생각을 다 했을까?'라는 감탄부터 시작해서 '생각이 정말 깊구나!'라는 경외심이 들기도 한다. 어떤 아이의 글은 정말 재미있어서, 읽다가 파안대소가 터져 나오기도 하고 아이다운 순수함에 눈물이 핑 돌기도 한다. 심지어 동학년 선생님들과 돌려 읽어보기도 한다.

이런 글들을 읽다 보면 그 아이가 달라 보이기 시작한다. 평소 겉모습만 보았는데 글을 통해 그 아이의 속모습도 보이기 시작한다. 아이가 쓴 글을 통해 그 속모습이 깊고 아름다운 아이란 걸 금세 알 수 있다. 글을 잘 쓰면 말이나 행동으로는 좀처럼 보여주기 힘든 자신의 진면목을 드러낼 수 있는 아이가 될 수 있다. 내 아이가 특별한 아이가 되는 순간이다.

지금은 우리나라에서 글을 읽을 줄 모르는 '문맹'은 거의 사라졌다. 하지만 예나 지금이나 글을 쓸 줄 모르는 '글맹'들은 주변에 차고 넘쳐난다.

앞으로의 시대에서 문맹보다 더 심각한 것은 '글맹'이다. 글맹은 자신의 생각이나 느낌을 체계적이고 논리정연하게 글로 쓸 줄 모르는 사람을 말한다. 학교에서도 아이들에게 글을 쓰라고 하면, 저학년 아이들 중에는 우는 아이들도 많다. 언어 발달 과정은 '듣기→말하기→읽기→쓰기' 순으로 발달한다. 문맹은 이 4단계 중 읽기를 못하는 것이지만, 글맹은 쓰기를 못하는 것이다. 문맹은 작심하면 몇 개월 만에 탈출할 수 있다. 하지만 글맹은 짧은 시간에 불가능하다. 평생 갈고 닦아야 한다.

미안한 말이 될 수 있지만 다가오는 미래 시대에 글맹들은 더 어려운 처지에 처할 수 있다. 지금 우리는 정보통신기술의 융합으로 촉발된 4차 산업혁명시대를 맞이하고 있다. 4차 산업혁명시대의 특징은 '초연결', '초지능', '초융합'으로 대표되고, 자율주행차, 가상현실, 인공지능, 사물인터넷 등이 일상이 될 것이다. 하지만 4차 산업혁명시대를 맞이하여 많은 사람들이 기대감보다는 불안감에 휩싸여 있다. 로봇이나 인공지능 등에 일자리를 뺏길까 봐 좌불안석이다.

4차 산업혁명시대를 대비하기 위해서는 미래 사회의 특징에 맞는 것을 준비시켜줘야 한다. 앞서 4차 산업혁명시대의 특징을 '초연결', '초지능', '초융합'으로 소개했다. 이 특징들을 가장 잘 반영한 것이 바로 '글쓰기'이다.

글쓰기를 하기 위해서는 초연결적 사고와 초융합적 사고가 반드시 필요하다. 아이가 일기를 한 편 쓸 때도 이런 사고들이 필요하다는 것을 알 수 있다. 글감을 선정하고 글감들을 연결시키고 나의 생각이나 느낌과 융합시켜 하나의 주제가 부각되도록 글을 쓰게 된다. 글쓰기 과정 자체가 4차 산업혁명시대가 요구하는 능력의 훈련 도구임을 알 수 있다.

아이에게 다가오는 미래 시대를 살아가게 하기 위해 무엇을 열심히 가르치고 있는지를 점검해보자. 내 아이가 미래 시대에 잘 적응할 뿐만 아니라 세상을 이끄는 사람이 되게 하고자 한다면 미래가 요구하는 사고방식을 갖춘 아이로 키워야 할 것이다. 여러 가지 방편들이 있겠지만, 글쓰기 능력을 키워주는 것이 하나의 좋은 방편이라 말하고 싶다.

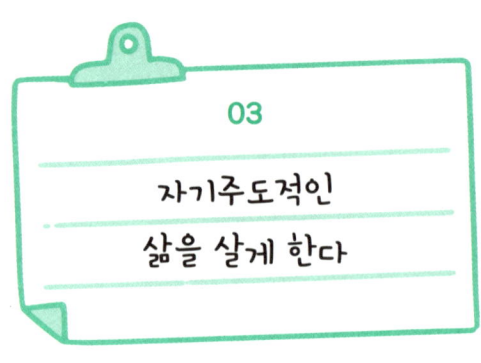

03 자기주도적인 삶을 살게 한다

 말문은 생후 1년이면 터진다. 하지만 글문은 평생 터지지 않을 수도 있다. 왜냐하면 글문은 생각하는 힘에 의해서만 열리는 문이기 때문이다. 즉, 글과 생각은 떼려야 뗄 수 없는 불가분의 관계이다.
 글을 십수 년 동안 쓰면서 느낀 점이 있다면 글은 책을 많이 읽은 사람이 잘 쓸 수 있는 것도 아니고 어쭙잖은 글재주가 있는 사람이 잘 쓰는 것도 아니다. 바로 생각하는 힘, '사고력'이 있는 사람이 글을 잘 쓸 수 있다. 하지만 어떤 사람들은 글쓰기가 사고력을 키워준다는데 그 이유를 도무지 모르겠다고 말한다. 글쓰기와 사고력이 무슨 관계가 있단 말인가? 오른쪽 두 글의 비교를 통해 그 이유를 알아보고자 한다.

(가) 온라인 학습

"지민아, 빨리 일어나. 온라인 학습 시작할 시간이야."

빨리 일어나라는 엄마의 목소리에 잠에서 깼다. 시계를 보니 8시 30분이었다. 잘못하면 8시 50분부터 시작하는 온라인 학습에 늦을 판이었다. 대충 씻는 둥 마는 둥 하고 얼른 내 방 컴퓨터 앞에 앉았다.

밖을 보니 세차게 비바람이 몰아치고 있었다. 그러고 보니 뉴스에서 어젯밤부터 태풍 마이삭이 몰아친다고 했는데 그 영향인 듯하다. 비가 창문을 때리는 소리가 시끄럽게 들렸다. 오늘 학교에 가지 않는 온라인 학습일이어서 참 다행이라는 생각이 들었다.

(나) 온라인 학습

"지민아, 빨리 일어나. 온라인 학습 시작할 시간이야."

빨리 일어나라는 엄마의 목소리에 잠에서 깼다. 어젯밤 늦게까지 컴퓨터 게임을 해서 그런지 몸이 물먹은 솜처럼 무겁게 느껴졌다. 시계를 보니 8시 30분이었다. 잘못하면 8시 50분부터 시작하는 온라인 학습에 늦을 판이었다. 용수철 튕기듯 침대에서 벌떡 일어나 욕실로 향했다. 대충 씻는 둥 마는 둥 하고 얼른 내 방 컴퓨터 앞에 앉았다.

밖을 보니 세차게 비바람이 몰아치고 있었다. 그러고 보니 뉴스에서 어젯밤부터 태풍 마이삭이 몰아친다고 했는데 그 영향인 듯하다. 비가 창문을 때리는 소리가 시끄럽게 들렸다. 비바람이 창문을 뚫고 들어올 것 같았다. 너무 무서웠다.

나는 평소에는 온라인 학습을 좋아하지 않는다. 왜냐하면 친구들과 놀지도 못하고 별로 재미도 없기 때문이다. 하지만 오늘은 학교에 가지 않는 온라인 학습일이어서 참 다행이라는 생각이 들었다. 만약 오늘 등교한다면 어떤 일이 벌어질까? 우산은 비바람에 뒤집혀지고 옷은 홀딱 다 젖었을 것이다. 생각만 해도 눅눅하고 찝찝하다. 하지만 오늘 온라인 학습일이어서 얼마나 다행인지 모른다. 온라인 학습일이어서 신나는 하루다.

글 (가)는 3학년 아이가 쓴 일기이다. 글 (나)는 글 (가)에 조금 살을 붙여 보충해보았다. 아이들에게 글 (가)와 글 (나) 중 어떤 글이 잘 읽히고 재미가 있냐고 물으니 모두 글 (나)라고 답한다. 이유를 물었더니 아이들이 선뜻 대답하지 못한다. 그런데 한 아이가 이런 말을 한다.

"선생님, 이유는 잘 모르겠지만 왠지 (나) 글이 더 잘 쓴 거 같아요."

왜일까? 글 (나)가 글 (가)에 비해 생각이나 느낌을 훨씬 많이 썼기 때문이다. 녹색 글씨로 표시하여 새롭게 추가된 부분은 모두 생각이나 느낌을 표현한 문장들이다. 이러한 문장은 아무나 쓰지 못한다. 자기의 느낌이나 생각이 있는 사람만 쓸 수 있다. 눈으로 보이는 세상은 사실이다. 하지만 사실을 보면서 그 이면을 느끼고 상상하는 것은 생각이다. 대부분 아이들은 사실 위주로 글을 쓴다. 하지만 글을 쓸 줄 아는 아이들은 사실과 생각을 적절하게 섞어서 쓸 줄 안다. 분명한 사실은 사람들은 사실로만 나열된 글은 재미없어 한다는 것이다. 재미있는 글은 사실과 생각이 적당히 버무려진 글이다.

이런 이유 때문에 글을 쓰다 보면 사고력이 발달하는 것이다. 글을 자주 쓰다 보면 글을 좀 더 잘 쓰고 싶고, 재미있는 글을 쓰고 싶어 한다. 이런 사람들은 자연스럽게 글 (나)와 같은 글을 쓴다. 이는 단순히 글이 바뀐 것이 아니라 그 사람의 생각이 자랐다는 증거이다.

생각이 짧으면 글이 짧고 재미가 없다. 생각이 얕으면 글도 얕고 깊이가 없다. 하지만 생각이 길면 글도 길어지고 재미있어진다. 생각이 깊어지면 글도 깊어지기 마련이다. 이런 이유로 우리는 흔히 '글쓰기'라 쓰고 '생각'이라 읽곤 한다.

자신의 생각이 없으면 남이 생각하는 대로 생각하고 행동해야 한다. 자기주도적인 삶이 아니라 타인주도적인 삶을 살아가기 마련이다. 자신의 생각을 분명히 갖는 가장 확실한 방법은 어렸을 때부터 자신의 생각을 담은 글을 자주 써보는 것이다.

길에는 어둠이 깔리기 시작했다. 지나다니던 인적이 점점 사라지기 시작했다. 오늘은 달도 뜨지 않아 어둠 속에 내 몸을 숨기기 딱 좋은 날이다. 어둠 속에 몸을 숨긴 채 밤이 더 깊어지길 기다렸다.
낮에 미리 봐뒀던 집을 조심스럽게 살폈다. 인기척이 느껴지지 않았다. 아마 주말이라 가족들이 여행을 떠난 듯하다. 이제 조심스럽게 안으로 들어가서 금고를 털면 된다. 담장 옆에 있던 음식물 쓰레기통을 밟고 담장을 훌쩍 넘었다.

"크르르르, 멍멍, 멍멍!"

전혀 예상치 못한 상황이 벌어졌다. 마당에 송아지만 한 셰퍼드 한 마리가 풀어져 있는 것이 아닌가? 셰퍼드를 제압할 방법이 없다. 계속 짖어대는 셰퍼드 때문에 빨리 도망가지 않으면 경찰에 잡혀가든지, 개에게 물려 죽게 생겼다. 오늘 밤 금고털이는 실패다. 개가 있다는 것을 생각지 못하다니 나는 아직 멀었다. 다음부터는 좀 더 치밀하게 준비해서 도둑질에 성공해야겠다.

이 일기는 '어떤 도둑놈의 일기'를 가상해서 써봤다. 도둑질에 성공하지 못하면서 다음에는 좀 더 완벽한 도둑질을 해야겠다고 다짐하는 일기이다. 진짜 도둑이라면 이런 일기를 쓸까? 아마 진짜 도둑이라도 이런 일기는 안 쓸 것이다. 인간이라면 일기를 쓰면서 자신이 한 행동에 대해 반성을 하기 마련이다. 그런데 이 일기는 자신의 잘못된 행동을 반성하기는커녕 다음에는 잘못된 행동을 더 잘해야겠다는 다짐을 하고 있다. 아무리 도둑이라 하더라도 일기를 쓸 때만큼은 좀 더 나은 사람이 되기 위해 반성하는 글을 쓸 것이다. 만약 진짜 도둑이 일기를 쓰기 시작하면 얼마 안 가서 도둑질을 그만두고 새 삶을 살아가기 시작할 것이라 믿는다. 글쓰기는 글 쓰는 사람을 최상의 사람으로 만들기 때문이다.

글을 쓰는 사람들은 대체로 경박하지 않고 신중하며 남다른 가치를 추구하면서 살아가는 것을 보게 된다. 글을 쓰다 보면 사람이 변하기 때문이다. 또한, 글을 쓰다 보면 나의 최선과 만나게 된다. 내가 다다르고자 하는 최선과 최상의 모습을 그리기 마련이다. 이런 과정을 반복하다 보면 깊이를 추구하는 인생으로 바뀌고, 소유 가치보다 존재 가치를 따질 줄 아는 인생으로 바뀐다. 존재가 바뀌는 것이다. 도둑질이나 계속하는 존재로 머물 수 없는 것이다.

    사람이 글을 쓰면 인생이 변하기 마련이지만 무조건 변하는 건 아니다. 내가 다다르고자 하는 나의 모습을 그리면서 오랫동안 꾸준하게 쓰면 변한다. 그리고 내가 쓴 대로 살면 마침내 내가 꿈꾸던 모습으로 변하기 마련이다. 글을 쓰다 보면 지금보다 나은 나의 모습을 자꾸 그리고 생각하게 된다. 그리고 그 모습을 글로 적게 된다. 글로 적으면 자신의 뇌에 지금 적는 것이 중요한 목표라는 것을 깨우치게 해준다. 우리 뇌는 중요한 것이라 인식하면 그것들과 관련된 것들에 민감하게 반응하기 때문에 글로 쓰는 것은 그 어느 것보다 효과가 좋다. 자신이 바라는 모습을 그릴 뿐만 아니라 몇 년 후 마침내 그렇게 변해 있는 나를 발견할 수 있다. 삶을 바꾸는 글쓰기의 힘이다.

    내 아이가 꿈을 이루는 삶을 살아가게 하고 싶은가? 아이에게 글을 자주 쓸 수 있는 기회를 제공해주면 된다. 글을 쓰면서 자신이 다다르고자 하는 모습과 꿈을 꾸게 될 것이다. 그리고 그 꿈을 글로 자주 적다 보면 마침내 이루고 말 것이다.

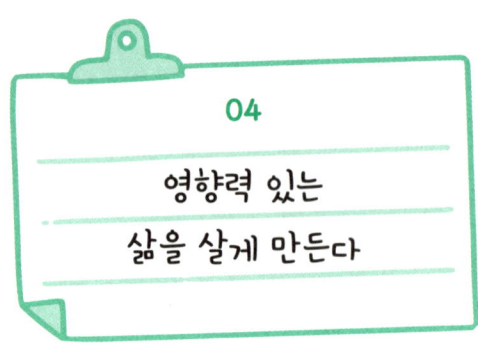

04
영향력 있는 삶을 살게 만든다

하버드를 졸업한 40대 1,600명에게 다음과 같은 질문을 했다고 한다.
"하버드에 다니면서 어떤 수업이 가장 도움이 되었나요?"

이 질문에 90% 이상의 학생이 '글쓰기 수업'이라고 답했다고 한다.

하버드 대학의 글쓰기 수업은 혹독하기로 유명하다. 학생들은 입학해서 졸업할 때까지 엄청난 양의 글을 쓰는데 종이 무게만도 50kg에 달한다고 한다. 쓰고 피드백 받고 또 쓰고를 반복하는 것이다. 하버드 외에도 옥스퍼드, 스탠퍼드, 프린스턴, MIT와 같이 세계에서 이름 좀 알려진 대학들의 공통점이 있다면 글쓰기를 필수 교육과정으로 가르치고 있다는 점이다.

세계 유수의 대학들은 왜 이렇게 글쓰기를 강조하는 것일까? 인재들이 모인 이 대학들은 왜 이렇게 혹독하게 글쓰기를 시키는 것일까?

글쓰기는 리더가 되는 사람들에게 선택이 아니라 필수이기 때문이다. 글을 쓰면서 머릿속에서 모호하던 생각이 분명해지고 치밀해지며, 구조화되고 정교하게 바뀐다. 이런 훈련을 젊은 시절에 받으면서 세계적인 리더가 될 준비를 하고, 영향력 있는 삶을 살아가기 위한 준비를 하는 것이다.

의사 작가 오은영, 의사 작가 서천석, 이들은 의사이면서 글을 쓸 줄 아는 이들이다. 세상에 의사는 많지만 글을 잘 쓰는 의사는 그렇게 많지 않다. 이들이 글을 쓸 줄 모르는 의사였다면 평범한 의사에 머물렀을지 모르지만, 글을 쓸 줄 알기 때문에 많은 이들에게 영향력을 줄 수 있었다.

교수 작가 장하준, 교수 작가 김난도, 이들은 교수이면서 작가이다. 장하준 교수는 영국의 캠브리지 대학에서 경제학을 가르치고 있지만 국내의 어떤 교수보다 많은 영향력을 끼치고 있다. 김난도 서울대 교수는 『아프니까 청춘이다』, 『트렌드 코리아』와 같은 책을 쓴 베스트셀러 작가이다. 만약 이 교수들이 글을 쓸 줄 모르는 사람들이었다면 그들의 영향력은 그들이 재직하고 있는 대학의 담장을 넘지 못했을 것이다.

이처럼 글을 쓸 줄 알면 영향력 있는 삶을 살아갈 수 있다. 자신이 있는 자리의 폭이 넓어지고 세대를 넘어 영향력을 줄 수도 있다. 우리가 접하고 있는 수많은 고전의 저자들은 역사 속으로 사라졌지만 그의 저작물들은 남아 아직도 우리에게 많은 영향을 끼치고 있다. 자신의 인생을 영향력 있는 삶으로 만들고자 꿈꾼다면 글쓰기를 통해 도전해보라고 권하고 싶다. 내 아이가 영향력 있는 삶을 살아가기를 원한다면 아이 인생 가운데 글쓰기를 장착해주면 된다. 그러면 아이가 무엇이 되든지 영향력 있는 삶을 살아갈 확률이 매우 높아질 것이다.

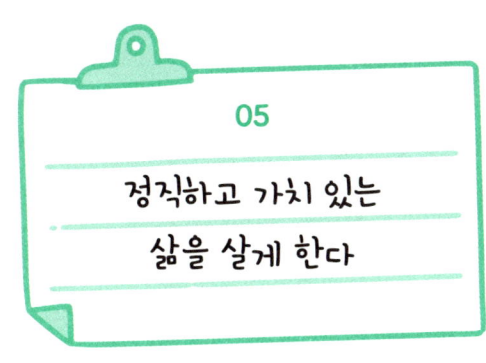

05 정직하고 가치 있는 삶을 살게 한다

'아이들에게 글을 쓰게 하는 목적은 아이들의 삶을 참되게 가꾸어 사람다운 사람이 되게 하는 데 있다.'

이 말은 글쓰기의 대가로 추앙받고 있는 이오덕 선생님의 글쓰기 지론이다. 필자도 이 지론에 전적으로 동감한다.

글쓰기의 가장 기본은 정직하게 쓰는 것이다. 자기가 한 대로, 본 대로, 들은 대로, 느낀 대로 적는 것이다. 글을 쓰다 보면 가장 글다운 글은 솔직하게 쓴 글임을 알게 된다. 이것을 깨달으면 글을 쓸 때 모르는 것을 아는 척하면서 쓰려고 하지 않고, 남의 흉내나 내면서 쓰려고 하지 않는다. 글은 솔직한 사람이 잘 쓰고, 글을 쓰다 보면 정직한 사람이 되기도 한다.

정직한 글은 어렵지 않다. 정직한 글은 남에게 감동을 준다.

제목 : 짜증나는 날

오늘은 진짜 짜증이 난다. 왜냐하면 엄마 잔소리가 폭발했기 때문이다. 내가 엄마의 엄마였다면 잔소리를 많이 해서 엄마한테 잔소리가 얼마나 지긋한 고통인지 보여줄 수 있을 텐데.
그리고 우리 엄마는 조금이라도 화나면 막 씩씩거린다. 나는 세상에서 씩씩거리는 소리를 제일 싫어한다. 왜냐하면 씩씩거리면 왠지 서둘르라고 하는 것 같다. 예를 들어서 공부할 때 조금이라도 답답하면 씩씩거린다. 그러면 서둘르라고 하는 것 같다. 씩씩거리지 않았으면 좋겠다.

이 글은 2학년 여자아이가 쓴 일기이다. 이 일기를 읽는데 가슴 한편이 먹먹해진 기억이 난다. 이 아이는 학교에서 볼 때 빠릿빠릿하지는 않았지만 참 야무지고 똑똑한 아이였다. 그런데 아이가 이런 일기를 쓴 것을 보고 좀 안타까웠다. 이 글을 통해 자신이 무엇을 제일 싫어하고 힘들어하는지를 잘 보여주고 있다. 맞춤법이 틀린 곳도 있고 어색한 표현도 있지만, 짠한 마음이 들면서 감동이 있다. 왜일까? 꾸밈이 없는 정직한 글이기 때문이다. 나의 아픔과 상처를 그대로 드러내는 정직함으로 읽는 이에게 울림을 주는 것이다.

정직하게 쓴다는 것은 꾸미지 않았다는 것이다. 꾸미지 않았다는 것은 진심을 썼다는 것이다. 진심은 머리로 만들어낼 수 없고 얄팍한 글재주로 만들어낼 수 없다. 정직은 그 자체가 주는 무게와 힘이 있는 법이다. 정직이 실리지 않은 글은 너무 가볍고 경박하며 남에게 어떤 감동도 줄 수 없다. 정직하고 솔직하게 쓴 글은 살아 있고 힘이 있으며 양날 선 어떤 칼보다도 더 예리하다. 심지어 쓴 사람과 읽는 사람의 생각과 의도도 분별해낼 수 있다.

정직하게 글을 쓰면, 자신의 참모습을 발견하고 참되게 살아가게 된다. 정직하게 쓰면 기쁨을 느끼고 그것이 글쓴이로 하여금 위안을 준다. 글쓰기는 독자보다 먼저 내가 나에게 하는 말이다. 내가 나에게 하는 말이 정직하지 않은 사람이 누구에게 정직할 수 있을까? 아이가 정직한 글을 쓰면서 이런 기쁨을 느낀다면 분명 글쓰기를 좋아하는 인생이 될 것이다.

정직하게 글을 쓰게 만드는 데는 부모님이나 교사의 역할이 무엇보다 중요하다. 꾸며서 쓰고 남의 것을 흉내 내서 쓴 글을 잘 썼다고 칭찬한다면, 아이에게 거짓을 꾸며내는 것이 좋다고 은연중에 가르치는 꼴이 된다. 또한 글쓰기를 수단화시키면 정직한 글쓰기를 방해하게 된다. 이런 것들을 조심한다면 글쓰기는 아이의 인생 가운데 정직함의 꽃을 피어나게 만드는 자양분 역할을 할 수 있다.

훌륭한 글을 쓴다는 것은 훌륭한 인생을 산다는 말이다. 어떤 인생이 훌륭한 인생일까? 정직한 인생이 훌륭한 인생 아닐까?

제목 : 군자처럼 살고 싶다

오늘 하루 동안 많은 일을 했지만 공자께서 말씀하신 군자처럼 살았는지는 모르겠다. 군자가 되려면 많은 힘든 일이 있어도 참아야 하고, 인을 중요시하고 등등 많은 것을 해야 되는 것 같다.

논어에 "군자는 평온하고 너그럽지만 소인은 늘 근심에 싸여 있다"라는 구절이 눈에 들어온다. 오늘 하루 동안 나는 군자처럼 살았는지 소인처럼 살았는지 알 수 있을 것 같다.

내가 오늘 평온했는지, 누구에게 화를 내지 않고 너그럽게 용서해주었는지에 대해 나 자신에게 묻게 된다. 정말 군자로 사는 것은 어려운 것 같다.

나는 언제쯤 군자처럼 살 수 있을까? 아마 논어 책 끝까지 읽을 때까지 군자는 되지 못할 것 같다. 꼭 나는 군자처럼 살아야겠다.

이 일기는 6학년 여자아이가 『논어』를 읽어가면서 쓴 일기이다. 이 일기에는 자신의 모습을 버리고 군자처럼 살고 싶은 글쓴이의 마음이 잘 드러나 있다. 글을 쓰다 보면 자연스럽게 지금보다 좀 더 가치 있는 삶을 꿈꾸게 된다.

글을 쓰기 위해서는 자연스럽게 가치 판단과 가치 저울질이 필요하다. 일기를 쓸 때도 하루 동안 일어났던 수많은 일 가운데 나에게 가치가 있고 의미가 있었던 일은 무엇인가를 생각하게 된다. 때로는 의미 없는 일들로만 점철되어 있는 하루를 되돌아보면서 속상해하기도 하고 후회하기도 한다. 그러면서 아이는 '다시는 이러지 말아야지' 하는 다짐을 하기도 한다. 이런 과정을 통해 좀 더 나은 가치를 추구하는 인생을 살게 되는 것이다.

'글쓰기'는 가치 있는 삶을 살아가는 데 큰 도움이 된다. 하지만 여기서 머물면 안 된다. 삶을 바꾸는 글쓰기로 나아가야 한다. 자신이 쓴 글과 자신의 삶을 일치시키려는 처절한 몸부림이 있어야 한다. 이렇게 삶을 가꾸는 글쓰기에서 삶을 바꾸는 글쓰기로 나아갈 때 진정한 글쓰기의 가치가 발견될 수 있다.

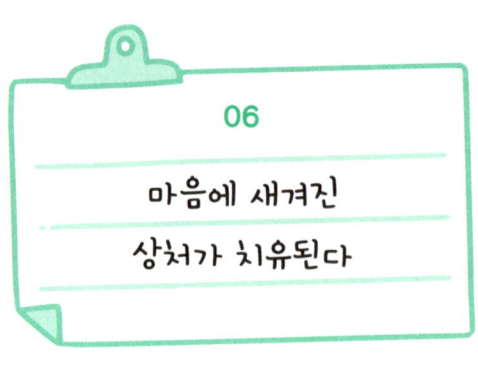

06 마음에 새겨진 상처가 치유된다

초등학생들은 이제 막 글을 배운 아이들이다. 난생 처음 글을 배웠으니 얼마나 글을 써보고 싶을까? 내 이름을 쓸 줄 모르다가, 내 이름을 글씨로 쓸 줄 알게 되었을 때 그 감격과 기쁨을 기억하는가? 자기 이름을 공책뿐만 아니라 자기의 모든 물건에 적고 심지어 벽 같은 곳에 낙서도 서슴지 않는다. 이것이 인간의 무서운 표현 본능이다. 이것은 마치 거미가 거미줄을 뽑아내는 것과 비슷한 본능이며 기쁨이기도 하다.

  아이들은 본능적으로 뭔가를 쓰면서 자신을 표현하고 싶어 한다. 이 본능을 잘 키워준다면 아이는 글쓰기를 통해 큰 기쁨을 맛볼 수 있다. 뿐만 아니라 자신의 아픔과 상처까지도 스스로 치유할 수 있는 사람이 될 수 있다. 자신의 감정을 다스릴 수 있게 만들고 정확히 들여다볼 수 있게 된다. 우리는 흔히 글쓰기가 사고력을 높여준다고 말하지만 이것은 글쓰기의 이성적인 측면에서의 이점을 부각시킨 것이다. 감성적인 측면에서 보자면, 글쓰기를 하면 감성이 풍부해지고 자신의 감정이 정확해지며 상처받은 감정이 치유되기도 한다. 자신의 감정을 성찰할 수 있고 조절할 수 있는 사람은 인생을 성찰하고 조절할 수 있는 사람이 될 것이다.

> 제목 : 엄마
>
> 요즘엔 문득 엄마 생각이 나곤 한다. 항상 때때마다. 그래서 요즘 머릿속에 '엄마한테 더 잘해줄걸……'이란 생각도 많이 든다. 그땐 내가 왜 그랬을까? 엄마에 대한 생각이 머릿속에서 잘 떠나지 않는다.
> 엄마랑 아빠는 요즘 좀 싸운다. 말리고 싶지만 내가 싸움에 불을 지필 것 같아서 말리지도 못한다. 나는 요즘 가족이란 존재의 소중함을 깨우치고 있다.

3학년 아이가 쓴 일기이다. 짧은 글이지만 엄마에 대한 생각과 자신에 대한 자책, 엄마와 아빠의 관계에 대한 걱정으로 가득한 글이다. 글에는 아이의 힘겨움이 묻어 있다. 이 아이처럼 요즘 아이들은 많이 힘들다. 고달프다. 과거에 비해 좀 더 깨끗한 환경에서 좋은 것을 먹으면서 자라긴 하겠지만 어렸을 때부터 너무 바쁜 삶으로 내몰린다. 부모에게 제대로 된 사랑과 돌봄을 받지 못하는 아이들도 넘쳐난다.

과거의 아이들보다 요즘의 아이들이 더 행복한 어린 시절을 보내고 있다고 그 누가 말할 수 있을까?

이렇게 힘겨운 어린 시절을 보내는 아이들의 내면은 어떨까? 상처 투성이다. 이런 상처를 누군가는 치유해주어야 한다. 그래야 건강한 사람으로 자랄 수 있다. 글쓰기가 그 답이 될 수 있다.

글은 '자가치유' 기능이 있다. 어떤 문제나 상처에 대한 답은 자기 안에 있고, 이것들을 종이 위에 써보는 과정에서 스스로 치유할 수 있는 것이다. 일찍이 심리학자 칼 구스타프 융Carl Gustav Jung은 심리치료를 위해 환자들에게 자신이 겪은 일을 글로 쓰게 했다. 이 과정을 통해 환자는 문제나 상처들을 인식하고 느끼고, 스스로에게 묻기도 하면서 점점 치유의 과정을 거치게 된다. 상처 치유의 첫 단계는 그 상처를 드러내는 것이다. 하지만 그 상처를 남에게 보여주기란 쉽지 않다. 자신에게 상처를 드러내는 것은 좀 더 쉽다. 글쓰기는 자기 상처를 자기에게 드러내 보이는 것이다. 가감 없이 드러내다 보면 자신도 모르게 치유가 시작된다.

살아가면서 상처받지 않은 인생이 어디 있을까? 작든 크든 삶이란 상처 주고 상처받는 일의 연속이다. 이 상처를 잘 극복하여 진주를 만들어내는 사람이 있는가 하면 상처가 인생의 흉터로 자리 잡는 사람이 있다. 상처에 잘 듣는 글쓰기 연고 하나쯤 아이에게 챙겨준다면 아이 인생에 큰 도움이 되지 않을까?

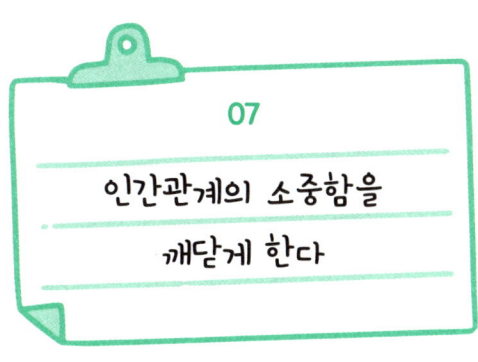

07 인간관계의 소중함을 깨닫게 한다

8위. 명예를 얻는 것

7위. 부자가 되는 것

6위. 권력 또는 영향력을 갖는 것

5위. 자신이 일하는 분야의 정상에 서는 것

4위. 자신을 존경하는 친구를 갖는 것

3위. 행복한 인간관계

2위. 행복한 결혼

〈월스트리트 저널〉에서 '아메리칸 드림'이라는 주제로 1,674명을 대상으로 설문조사를 진행했다. 그중 '당신은 언제 성공했다고 생각하는가?'라는 질문에 위와 같은 결과가 나왔다고 한다.

그렇다면 1위는 무엇이었을까? 바로 '존경받는 부모'가 되는 것이었다고 한다. 1위부터 4위까지가 모두 '관계'와 관련된 항목이다. 우리가 성공의 조건으로 앞세우는 돈, 명예, 권력 등은 한참 후순위로 밀려 있다.

글을 쓰면 인간관계의 소중함을 일찍 깨닫는 사람이 되고, 이를 위해 노력하는 인생을 살 수 있다. 아이들이 쓰는 일기를 보면 일상의 지지고 볶는 이야기들이 대다수다. 친구와 논 이야기, 부모님께 혼난 이야기, 가족들과 맛있는 음식을 먹은 이야기, 선생님께 칭찬받은 이야기, 동생과 싸운 이야기 등등이다. 이 일기들을 잘 살펴보면 글감과 주제는 모두 다르지만 결국 '관계'를 다룬 글들이라는 것을 금세 알 수 있다.

제목 : 금 같은 아침

오늘은 금 같은 아침이다. 바로 엄마가 집에 있는 날이기 때문이다.

"지인아, 일어나 온라인 수업해야지!"

나는 벌떡 일어났다.

"너 수업 8시 40분부터지?"

"아닌데. 50분부터인데……."

엄마가 온라인 수업 시간을 몰라 살짝 섭섭했다. 그래도 엄마가 있어서 금 같은 아침이다. 참 좋다.

3학년 여자아이가 쓴 글이다. 아침에 있었던 사건을 소재로 쓴 소소한 글이지만 이런 글은 결국 '관계'와 관련한 글이다. 이 글을 읽으면 이 아이가 엄마와의 관계가 어떨지 짐작이 가고 엄마와의 관계를 매우 소중하게 생각하는 아이라는 걸 알 수 있다.

글이란 관계에서 벌어지는 사건과 그 과정에서 자신이 느낀 생각과 소감, 느낌을 적는 것의 연속이라 할 수 있다. 이런 글을 꾸준히 쓰다 보면 자신도 모르게 인생에서 정말 소중한 것은 돈, 게임, 스마트폰, 100점과 같은 것이 아니라 '관계'라는 사실을 깨닫게 된다. 무엇이 소중한지를 깨달은 인생과 그렇지 못한 인생은 하늘과 땅 차이가 날 수밖에 없다. 인생은 속도가 아니라 방향이기 때문이다.

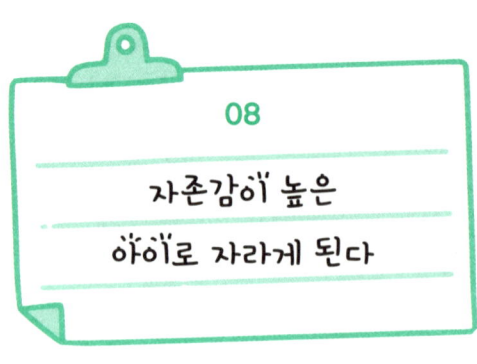

08 자존감이 높은 아이로 자라게 된다

　다른 사람들 앞에서 말하는 것을 유난히 부끄러워하는 아이들이 있다. 이런 아이들은 대부분 자신감이 부족한 아이들이다. 자신감이란 자존감에서 나온다. 자존감이 높은 아이는 다른 사람 앞에서 당당하다. 하지만 자존감이 낮은 아이는 다른 사람 앞에 서면 한없이 부끄러워지고 쥐구멍을 찾고 싶어 한다. 자존감이 낮아서는 말하기뿐만 아니라 글쓰기도 못한다. 글쓰기는 자존감이 높은 사람이 잘할 수 있기 때문이다.

　자존심과 자존감은 같은 듯하면서도 다르다. 자존감이 높은 아이는 부끄러움을 모르는 아이가 아니라 건강한 부끄러움을 가지고 있는 아이다. 부끄러워해야 할 것을 부끄러워하고 부끄럽지 않은 것에 대해서는 한없이 당당한 것이다. 글쓰기는 자존심이 센 아이가 아닌 자존감이 높은 아이가 잘 쓸 수 있다.

　글을 쓴다는 것은 자존감을 높이는 것이다. 또한 자존감이 높아야 글을 쓸 수 있다. 이런 측면에서 글쓰기는 자신감이기도 하다. 자신감이 없는 사람은 절대 글을 쓸 수 없다. 한 문장을 쓰고 다음 문장으로 나아가지 못한다. 지웠다 다시 쓰고를 수도 없이 반복할 수밖에 없다. 자신감이 없기 때문이다.

　왜 자신감이 없는가? '내가 쓴 글을 다른 사람이 보고 뭐라 할까?' 하며 남의 눈을 의식하는 자존감이 낮은 사람은 절대 글을 쓸 수 없다. 더구나 솔직한 글을 기대하기는 더욱 어렵다.

　글쓰기만큼 나를 적나라하게 까발리는 것은 없다. 우리는 글을 쓸 때 필자인 스스로가 타인이나 외부 세계에 대해 쓴다고 착각한다. 하지만 글을 쓴다는 것은 '나'를 쓰는 것이다. 어떤 글을 쓰고 나서 찬찬히 반복해서 읽어보자. 그 글에서 누구의 모습이 떠오르는가? 누구의 체취가 묻어나는가? '나'이다. 때문에 나 자신을 사랑하지 않는 사람은 절대 글을 쓸 수 없다. 자신이 싫은 사람은 자신의 모습이 가장 적나라하게 드러난 글을 쓰고 싶지 않은 것이다. 글쓰기는 나를 사랑하는 것으로부터 시작한다. 나를 사랑하는 것은 자존감의 출발점이기도 하다.

　자존감이 높은 아이는 다른 아이나 어른들에게 휘둘리지 않는다. 누가 뭐래도 '나는 나다'라는 분명한 생각으로 가득하다. 다른 사람들의 칭찬이나 비난에 일희일비하지 않는다. 글을 쓰다 보면 옳고 그름의 기준이 명확해지고 가치판단 기준이 남이 아닌 자신으로 변하기 때문에 다른 사람들에게 휘둘리지 않을 수 있다.

아이들의 자존감을 올릴 수 있는 가장 확실한 방법이 있는데 바로 '공개된 칭찬'이다. 다른 친구들 앞에서 대놓고 칭찬을 하면 칭찬을 받는 아이는 얼굴이 발그레해지면서 어쩔 줄 몰라 한다. 아마 이 순간 아드레날린 수치는 최고치에 가깝지 않을까 싶다.

학교에서 이런 순간은 자주 찾아오지 않는다. 가뭄에 콩 나듯 찾아오는데 아이가 쓴 글을 반 친구들 앞에서 읽어줄 때가 이런 순간이다. 이런 순간을 경험한 아이는 글쓰기에 자신감을 가지기 마련이고 자존감이 한없이 올라간다. 자존감이 높은 아이가 글을 잘 쓰기도 하지만 글쓰기를 통하여 아이의 자존감이 높아지기도 한다. 인생의 선순환인 셈이다.

글쓰기 걸림돌
SOLUTION 1

발달 단계와 맞지 않는 글쓰기

아이들이 글쓰기를 힘들어하고 어려워하는 많은 이유 중에 먼저 꼽을 수 있는 것은 글쓰기가 가진 속성과 관련이 있다. 글쓰기 자체가 아이들의 발달 단계와 잘 맞지 않는 측면이 있다. 여러 가지를 꼽을 수 있지만 가장 눈에 띄는 세 가지 정도를 언급하고 싶다.

손이 부러질 듯 힘든 글씨 쓰기

글쓰기는 글씨 쓰기가 원활하게 된 이후 활동이다. 글씨 쓰기도 제대로 못하는 아이가 글을 쓴다는 것은 상상하기 어렵다. 원활한 글쓰기를 위해서는 먼저 글씨를 잘 쓸 수 있어야 한다.

글씨 쓰기는 연필을 손에 쥐고 글씨를 쓰는 조작 활동이다. 컴퓨터가 도입되면서 어른들은 자판으로 타자를 치면서 글을 쓰지만, 아이들은 여전히 연필로 글씨를 한 글자씩 써가야 한다. 연필을 손에 꽉 쥐고 손바닥에 땀방울이 송골송골 맺히고 가운데 손가락 끝마디에 굳은살이 베기기 시작한다.

"선생님 손이 부서질 듯해요."

저학년 아이들에게 글씨를 쓰게 하면 5분쯤 지나면 어김없이 입에서 튀어나오는 말이다. 그만큼 글씨 쓰기는 힘든 작업이다. 이 과정이 아이들에게 유익하고 꼭 필요한 과정임을 인정하지만 측은해 보이는 것은 어쩔 수 없다. 이렇게 힘들여서 쓰지만 칭찬은 고사하고 글씨 좀 잘 쓰라는 부모님과 선생님의 잔소리에 시달려야 하는 것이 현실이다.

아이들에게 글쓰기는 연필 쥐고 글자 쓰는 첫 단추부터 고난이다. 이것은 '넘기 힘든 어쩔 수 없는 벽'과도 같다. 글쓰기를 위한 글씨 쓰기와 아이들의 만남은 처음부터 악연인지도 모른다.

대충을 허락하지 않는 글쓰기

아이들과 어른들의 현격한 차이가 있다면 아이들은 어른에 비해 실수가 많다는 점이다. 아무것도 아닌 걸 실수하기도 한다. 실수가 많다는 것은 미숙하다는 것이고 치밀하지 못하고 대충한다는 것이다. 하지만 이런 실수를 통해 미숙함은 성숙함이 되고 덜렁거리던 아이가 치밀한 사람이 된다.

글쓰기는 이런 아이들의 기질과 맞지 않는다. 글쓰기는 대충이 없다. 대충하면 표시가 너무 잘 난다. 어려운 책읽기보다 훨씬 더 힘든 것이 글쓰기이다. 책은 소파에 편하게 앉아서도 읽을 수 있고, 심지어 방바닥에 누워 뒹굴면서도 읽을 수 있다. 하지만 글쓰기는 어떤가? 글쓰기는 마음을 다잡고 책상에 바른 자세로 앉지 않으면 시작도 할 수 없다. 책은 대충 읽고도 읽었다고 얼버무릴 수 있지만, 글쓰기는 대충 쓰면 당장 드러난다. 증거가 너무 뚜렷하게 남는 글쓰기에 대충이란 있을 수 없다. 이렇게 아이들 기질과 반하는 글쓰기를 싫어하는 것은 당연할 수 있다.

논리적 사고를 요구하는 글쓰기

글은 논리적 사고를 요한다. 논리적으로 써야 이해가 잘 가고 재미가 있다. 논리적 사고의 특징은 합리적이고, 회의적이며, 편향되지 않은 사고이다. 논리적 사고는 인과성이 분명하다. 원인-결과 관계를 기초로 설명하거나 예측하는 사고이다.

하지만 초등학생들의 사고는 이런 논리적 사고와는 거리가 멀다. 아이들의 사고는 비논리적 사고라 불리는 직관적 사고나 행동적 사고를 한다. 인과성이 잘 드러난 논리적 사고를 잘하지 못한다. 아이들 일기를 읽어보면 원인도 말하지 않고 결과를 말하거나, 원인은 실컷 말해놓고 결과는 없는 글들도 많다. 이런 식의 비논리적 일기를 쓰는 이유는 아이들의 사고 발달 단계가 아직 논리적 사고에 미치지 못했기 때문이다.

논리적 사고는 10세 이후가 되어야 비로소 가능하다. 초등학교 고학년이 되어야 설명문과 논설문을 배우는 이유가 바로 여기 있다. 아이들에게 논리적 사고가 요구되는 글쓰기는 마치 아이가 어른 옷을 입는 것처럼 어색하고 낯선 작업임을 이해해야 한다.

2장

혼자서도 잘 쓰는
아이의 특급 노하우

: 좋은 글을 쓰기 위해 알아야 할 것들

"선생님, 선생님처럼 작가가 되려면 어떻게 해야 돼요?"

"좋은 책 많이 읽고 글 많이 써보면 되지."

"이상하다. 작가들은 모두 똑같은 소리를 하네……."

3학년 아이들을 지도하면서 작가가 되고 싶은 한 여자아이와 나눈 대화이다. 이 아이는 작가가 되는 걸 진지하게 고민하는 아이였다. 어쨌든, 3학년 1년 동안 일기도 누구보다 열심히 썼고, 가끔은 자신이 쓴 동화라며 한번 봐달라고 가져오기도 했다.

이 아이뿐만 아니라 글쓰기에 관심이 있는 부모님들이나 아이들은 글을 잘 쓰려면 어떻게 해야 하는지를 묻곤 한다. 솔직히 정답은 없다. 세상에 수학처럼 딱딱 떨어지는 정답이 있는 문제가 얼마나 될까? 많은 문제들은 정답이 없다. 최선의 답을 찾을 뿐이다.

글을 잘 쓰기 위해서는 어떻게 해야 하는 것일까? 아마 이 주제는 책으로 한 권 써도 모자랄 주제이다. 그럼에도 학교 현장에서 많은 아이들의 글쓰기를 지도하고 작가로서 삶을 살아오면서 느낀 점을 몇 가지 적어보고자 한다.

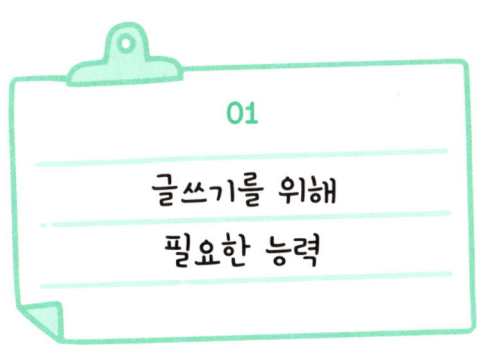

01
글쓰기를 위해 필요한 능력

'손가락을 보지 말고 달을 보라'는 말이 있다. 이 말은 누군가 손가락으로 달을 가리키면서 달을 보라고 하는데, 달은 보지 않고 손가락만 보는 것처럼 본질을 보지 못하고 비본질적인 형식이나 수단만 보는 것을 이를 때 사용하는 말이다. 글쓰기에서도 이런 비슷한 일들이 일어난다.

글쓰기를 단순하게 글재주나 기교 정도로 이해하고 글을 쓰는 스킬을 배우려는 경우가 많다. 하지만 이렇게 글쓰기를 접근하는 것은 글쓰기의 본질을 한참 벗어난 접근이다. 글쓰기를 잘하기 위해서는 먼저 갖춰져야 할 눈에 보이지 않는 능력들이 있다.

관찰력을 키운다

'관찰'은 '사물의 현상이나 특징을 자세히 살피는 것'이다. 이 능력은 과학에서만 필요한 능력이 아니다. 글을 쓰는 사람이라면 누구나 반드시 갖춰야 할 능력 가운데 하나이다. 글을 못 쓰는 아이와 글을 잘 쓰는 아이의 결정적인 차이 가운데 하나가 '관찰력'이다. 글을 잘 쓰는 아이는 관찰력이 매우 뛰어나다. 글을 못 쓰는 아이들은 대부분 사물이나 일어나는 일을 피상적으로 바라본다. 하지만 글을 잘 쓰는 아이들은 사물이나 사건 등을 바라볼 때 구체적이고 이면에 숨어 있는 면까지 본다. 자세히 관찰하다 보면 다른 사람이 보지 못하는 것을 보기도 하고, 서로 연관성을 발견하기도 한다. 대상을 오래 꼼꼼하게 바라보면 비로소 남의 눈에는 보이지 않던 것이 보이고 사랑스럽게 보이기 시작한다. 이런 관찰력이 키워져야 깊이 있고 남다른 글을 쓸 수 있게 된다.

공감 능력과 감수성을 키워라

사람들과의 관계가 좋은 이들의 한결같은 공통점이 있다면 '공감 능력'과 '감수성'이 뛰어나다는 사실이다. 글은 아주 세세한 감정의 세계를 다루기 때문에 많은 경우 자세히 써야 한다. 그래야 글이 재미있고 읽고 싶고 공감을 얻을 수 있다. 글을 못 쓰겠다고 하고, 어렵다고 하는 아이들은 감수성이 부족한 경우가 많다. 감수성과 공감 능력이 좋은 사람이 글을 잘 쓰기도 하지만, 글을 쓰다 보면 감수성과 공감 능력이 좋아지기도 한다.

> **2021년 3월 29일 월요일   날씨 : 해가 반짝 반짝**
> **제목 : 첫 봄과의 만남**
> 오늘은 길을 가다가 만개한 꽃들이 엄청 많았다. 꽃들을 보니 내 마음이 아늑해지고, 편안한 느낌이 들었다. 왜냐하면 오늘 숙제가 많았기 때문이다. 게다가 학원까지 가는 날이다. 꽃은 날 편안하게 만드는 식물이다.

이 글은 3학년 남자아이가 쓴 글이다. 봄이 되어 길가에 핀 꽃들을 보면서 마음의 평화와 봄의 아늑함을 표현한 글이다. 감수성이 없는 아이라면 이런 글은 절대 쓰지 못한다. 길가에 아름답게 피어난 꽃을 보면서도 아무런 감흥을 느끼지 못한다면 세상의 어떤 아름다움을 보면서 감흥이 생길 수 있을까? 세상을 따뜻하게 하는 글을 쓰려면 글을 쓰는 사람이 먼저 따뜻한 사람이 되어야 한다.

정직함을 키워준다

글을 쓰는 최고의 기술은 '솔직하게 쓰는 것'이다. 솔직하지 못한 글은 읽기 어렵다. 읽어도 전혀 울림이 없다. 거짓은 깊이가 없고 사람의 마음에 이를 수 없다. 때문에 글은 솔직하게 써야 한다. 나를 솔직하게 드러낼 수 있어야 한다. 솔직함은 글을 아무나 쓸 수 없게 만드는 이유이기도 하다. 자존감이나 자신감이 없는 사람은 몇 줄 쓰지 못하고 지워버린다. 철저히 남의 눈을 의식하기 때문이다. 이런 측면에서 글쓰기는 단순한 글재주가 아니라 진실된 삶에서 오는 것이다. 솔직함은 글쓰기에서 가장 큰 기술이며 그 외의 것들은 잔기술에 불과하다.

제목 : 그만하라고!

요즘 남자애들이 여자 친구들과 나를 괴롭힌다. 나는 기분이 안 좋아서 계속 그만하라고 했지만, 그럴수록 괴롭힘은 심해졌다. 언제는 가뜩이나 화딱지가 나서 욕까지 할 뻔했다. 그런데 오늘 결국 폭발해버렸다.
미치겠던 마음이 점점 현실이 되어 가고 있었다. 남자애들과 전쟁을 선포하고 교실에 왔다. 미쳤다! 속 터져서 못 살겠다. 남자애들도 우리 마음을 알아주면 좋겠는데 알아주지를 못하니 고구마를 100,000개 먹은 듯 답답했다. 가뜩이나 화딱지가 나서 토할 거 같다. 세상에는 통하는 일이 없나 보다. 남자애들 주둥아리를 못으로 쾅!쾅! 박고 싶다.

이 일기는 3학년 여자아이가 쓴 일기이다. 남자 친구들이 자신과 자신의 친구들을 괴롭히는 것을 보고 화가 단단히 난 상태를 표현했다. 자신의 화난 감정을 아무런 여과장치 없이 그대로 글에 표현했다.

마지막 문장이 압권이다. 자신의 감정을 그대로 일기에 쏟아붓는 솔직함이 거침없다. 만약 자신의 감정을 포장하고 숨기려고 했다면 이런 일기는 나올 수 없을 것이다. 나중에 이 아이에게 이 일기를 쓰고 나서 기분이 어땠냐고 물으니 아이의 답변이 가관이다.

"못 싸던 똥을 시원하게 싼 것 같았어요."

글을 쓸 때 이것저것 재면 한 줄도 못 쓴다. 이것저것 잰다는 말은 솔직하지 못하다는 방증이다. 글을 쓸 때는 앞뒤 재지 말고 정직하게 쓰는 것이 최선이다.

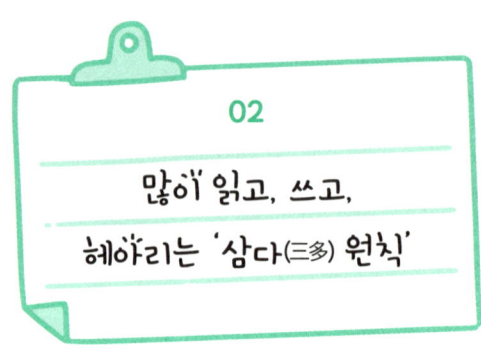

02
많이 읽고, 쓰고, 헤아리는 '삼다(三多) 원칙'

지금으로부터 약 천 년 전 중국 송나라 때 문장가로 이름을 날린 구양수(1007-1072)가 사람이 학문을 하는 자세에 대해 다독(多讀), 다작(多作), 다상량(多商量) 세 가지를 강조했다. 다독(多讀)은 책을 많이 읽는 것이고, 다작(多作)은 많이 써보는 것이고, 다상량(多商量)은 많이 헤아려보는 것(생각하는 것)을 말한다. 이른바 '구양수의 삼다(三多)'이다.

구양수는 공부하는 사람의 자세로 세 가지를 말했지만 구양수의 '삼다'는 글 쓰는 사람이 꼭 갖춰야 할 세 가지이다. 공부에 왕도가 없듯이 글쓰기에도 특별히 뾰족한 왕도가 없다. 많이 읽고, 많이 쓰고, 많이 헤아리는 삼다(三多)를 지키는 것이 최선의 길이다.

많이 읽는다

우리 머리를 하나의 큰 '생각의 저수지'라고 가정해보자. 생각의 저수지에 채워지는 물은 바로 책읽기라 할 수 있다. 책을 한 권, 두 권 읽다 보면 생각의 저수지에 물이 조금씩 차기 시작한다. 생각의 저수지에 물이 차면 넘치기 시작한다. 이때부터 글쓰기는 시작된다고 할 수 있다. 저수지에 물이 별로 없는데 저수지에 있는 물을 끌어다 쓰면 어떻게 될까? 물을 끌어올리기도 힘들고 흙탕물이 일어날 뿐이다.

글쓰기는 표현의 최고봉이다. 하지만 표현은 아는 만큼만 할 수 있는 것이다. 아는 만큼 보이고 아는 만큼 느낄 수 있는 것이다. 글을 잘 쓴다는 것은 표현력이 좋다고도 할 수 있지만, 아는 것이 많다고 할 수 있다. 글을 잘 쓰는 아이들은 비유를 적절하게 사용한다. 글을 잘 쓰는 아이들은 분명 '다독'하는 아이들이다. 다독한다고 반드시 글을 잘 쓰는 것은 아니지만, 글을 잘 쓰는 아이들은 반드시 다독을 하는 특징이 있다. '100권을 읽고 10권을 말하고 1권을 쓴다'는 말의 의미를 되새길 필요가 있다.

많이 써본다

피아노를 하루에 1시간씩 치는 사람과 5시간씩 치는 사람 중에 누가 피아노를 잘 치게 될까? 세상에 이런 어리석은 질문이 또 있을까? 모차르트나 쇼팽 같은 음악의 천재가 아닌 다음에야 누가 연습을 더 많이 했느냐에 따라 결과는 달라지는 것이다. 글도 마찬가지이다. 원래부터 글을 잘 쓰는 사람은 없다. 끊임없는 글쓰기 연습을 통해 조금씩 필력이 느는 것이다. 매일 한 줄이라도 써보는 것이 중요하다. 글쓰기는 왕도가 없다. 사람마다 생긴 것이 제각각이듯이 글도 그렇다. 사람마다 독특한 글의 결이 있다. 그 결을 잘 살려내면 맛깔나고 매력적인 글이 될 수 있는 법이다. 그 결을 살려내는 가장 좋은 방법은 계속해서 많이 써보는 것이다.

『뼛속까지 내려가서 써라』 등으로 세계적인 글쓰기 열풍을 일으킨 여류 소설가 나탈리 골드버그Natalie Goldberg는 글쓰기는 글쓰기를 통해서만 배울 수 있다고 말했다. 글쓰기 대가들은 한결같이 모두 같은 말을 한다. 잘 쓰는 방법은 많이 써보는 것 외에는 없다고 말이다.

한국 사람들이 가장 사랑하는 작가 중 김훈 작가가 있다. 김훈 작가는 '必日五(필일오)'라는 말을 책상 앞에 붙였다고 한다. 하루에 원고지 5장은 꼭 쓰겠다는 다짐이다. 이런 결심과 결단이 있었기에 오늘날의 김훈 작가가 탄생한 것은 아닐까 싶다. 하루 5장은커녕 한 장도 쓰지 않으면서 글을 잘 쓰고 싶다는 생각을 가진다면 글쓰기를 너무 쉽게 생각하는 것이다. 글은 손으로 쓰는 것이 아니라 엉덩이로 쓰는 것이다.

많이 생각한다

작가가 글을 많이 쓰는 사람이라고 생각하기 쉬운데, 작가는 많이 쓰는 사람이라기보다 많이 생각하는 사람이라고 보는 것이 더 정확하다. 생각하지 않으면 글을 쓸 수 없다. 뻔한 생각을 글로 쓸 수는 없는 노릇이다. 뻔한 글은 아무도 읽으려고 하지 않는다. 남보다 좀 더 깊고 넓은 생각을 해야 하며 색다른 생각을 해야 한다. 그래야 남다른 글을 쓸 수 있고 남이 읽어주는 글이 될 수 있는 것이다.

글은 생각의 결과물일 뿐이다. 눈으로 보이는 글은 빙산의 일각이다. 빙산은 수면 아래 90% 이상이 숨겨져 있다. 수면 위에 보이는 빙산을 보면서 그것이 전부라고 생각하면 큰 오산이다. 글도 마찬가지이다. 한 줄이라도 생각하지 않으면 결코 나올 수 없는 것이 바로 글이다.

아이들에게 글쓰기를 시키면 대개는 머리를 쥐어뜯고 괴로운 표정을 짓는다. 저학년 아이들 중에는 심지어 생각이 안 난다며 우는 아이들도 있다. 이런 모습들은 글쓰기가 괴로운 생각의 결과물이라는 증거일 것이다. 글은 생각의 문을 통과해야만 태어날 수 있다. 평소 삶 속에서 생각하는 것이 습관이 되어 있지 않으면 절대 좋은 글을 쓸 수 없다. 생각의 길이가 글의 길이를 결정하고, 생각의 깊이가 글의 깊이를 좌우한다.

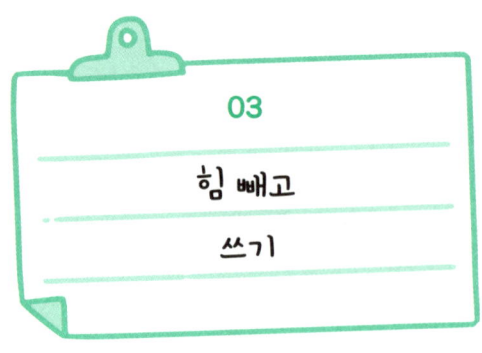

03 힘 빼고 쓰기

모든 운동을 배우다 보면 코치들이 하는 말이 있다.

'몸에서 힘을 빼라.'

이 말은 참 역설적인 말이다. 운동을 하려면 몸에 힘을 주어야 한다. 그런데 몸에서 힘을 빼란다. 몸에 힘이 들어가면 경직되기 마련이고 경직된 몸에서 힘이 제대로 나올 수 없으니 힘을 빼라는 의미이다. 몸에서 힘을 뺄 때 비로소 제대로 된 자세가 나오고 힘을 최대치로 낼 수 있게 된다.

글쓰기도 마찬가지이다. 너무 잘 쓰려고 손에 힘을 잔뜩 준다고 글을 잘 쓸 수 있는 것은 아니다. 손만 아플 뿐이다. 운동에서 기본이 몸에 힘을 빼는 것이듯 글쓰기에서도 기본은 힘을 빼고 쓰는 것이다.

너무 잘 쓰려고 하지 않는다

마음 단단히 먹고 멋진 글을 쓰려고 하면 십중팔구 글이 안 써지거나 글이 꼬이기 십상이다. 오히려 부담 없이 별생각 안 하고 쓰기 시작한 글이 술술 써지고 글발이 오르는 경험을 많이 한다. 너무 잘 써야겠다는 욕심은 오히려 글쓰기에서는 독이다.

아이들 중에도 글을 쓸 때 너무 잘 쓰려고 애쓰는 아이들이 있다. 이런 아이들의 글은 미사여구가 많이 동원되고 현학적으로 흐르는 경향을 보게 된다. 글을 쓸 때 너무 잘 쓰려고 하면 힘이 들어가기 마련이다. 보다 나아지려는 것은 좋은 것이지만, 어깨에 힘이 들어가는 순간 힘들어진다. 글은 잘 쓰려고 하지 않으면 오히려 쉽게 쓸 수 있다. 잘 쓰려고 한다는 것은 이미 정직하게 쓰지 않는다는 것이고 글이 현학적으로 흐를 가능성이 높다는 말이다. 나의 본모습이 가장 잘 드러난 글이 가장 잘 쓴 글이다.

쉽게 쓴다

내려갈 때 보았네

올라갈 때 못 본

그 꽃

— 고은 '그 꽃' 중

앞 장의 시 구절을 보면서 어렵게 느끼는 사람이 있을까 싶다. 지극히 일상적이고 평범한 단어들로 구성된 문장이다. 하지만 깊은 감동이 있다. 이런 구절을 처음 접할 때 우리 입에서 나도 모르게 "캬아~"라는 감탄사가 절로 나온다. 왜 그럴까? 쉽게 썼기 때문이다.

글을 쓸 때 너무 어렵게 쓰는 사람들이 있다. 뭔가를 잔뜩 써놓았는데 읽어도 무슨 말인지 이해가 가지 않는다. 무슨 말을 쓰고 싶어 하는지 모르겠다. 나중에는 글을 쓴 사람이 내용을 알고는 썼는지 의심조차 드는 글들도 넘쳐난다.

소위 지식인이라고 불리는 사람들은 글을 어렵게 쓰기 쉽다. 허나, 자신의 지식을 자랑하기 위해 글을 쓰는 것이 아니라면 글은 철저하게 읽는 사람이 쉽게 이해할 수 있게 써야 한다. 아는 게 많은 사람들은 '지식의 저주'에 걸리지 않아야 한다. 지식의 저주는 많이 아는 사람들이 걸리는 저주이다.

'대가'일수록 쉽게 표현하고 쉽게 쓴다. 완전히 모르는 사람들이 어쭙잖게 글을 어렵게 쓴다. 본인도 아직 다 이해를 못해 헷갈리는데 그것을 글로 표현하려니 오죽하겠는가? 정리되지 않은 글을 읽는 독자는 더 죽을 맛이다. 사람들의 심금을 울리는 글은 쉽게 쓰여 있다. 쉬우니까 이해가 잘 가고 이해가 잘 가니 감동이 뒤따라오는 것이다. 글을 쓸 때 쉽게 써야 하는 이유다.

자신이 전달하고자 하는 바를 어려운 낱말이나 미사여구를 사용하지 않고, 누구나 이해할 수 있게 쓰는 것을 쉬운 글이라고 한다. 또한 쉬운 글은 논리적으로 비약이 없고 호응 관계가 잘 들어맞아야 한다. 하지만 유치한 글은 어휘 수준이 낮고 논리가 부족하고 비약이 심하다. 이런 글은 유치한 느낌이 들 뿐 쉬운 글과는 다르다. 아이가 술술 잘 읽히는 쉬운 글을 썼을 때는 칭찬을 해야 한다. 그리고 아이에게 평상시에도 글은 어렵게 쓴 글이 좋은 글이 아니라, 쉽게 쓴 글이 좋은 글이란 사실을 인식시켜줘야 한다. 그래야 아이도 글을 쓸 때 가급적 쉽게 쓰려고 한다.

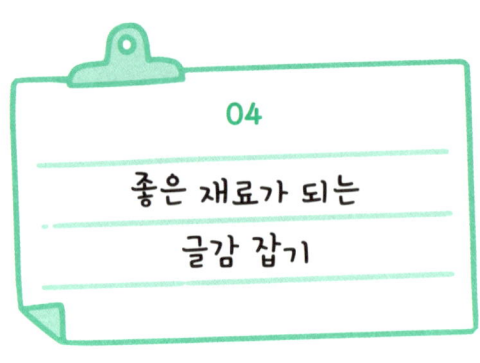

04 좋은 재료가 되는 글감 잡기

 글쓰기 순서는 대체로 '글감 찾기 → 주제 결정 → 계획 수립 → 글 구성하기(얼개 짜기) → 표현하기 → 글 다듬기'의 순서로 진행된다. 이 과정에서 아이들이 가장 어려워하는 과정이 '글감 잡기'와 '주제 정하기'이다. 글감을 찾고 그에 맞는 주제가 정해지면 글쓰기는 한결 쉬워진다.

 글감은 음식으로 치면 좋은 재료에 해당한다. 일류 요리사들이 이구동성으로 말하는 한 가지가 '좋은 음식은 좋은 재료부터 시작한다'이다. 좋은 글이란 좋은 글감과 사고력이 빚어낸 결과물이라 할 수 있다. 글감이 별로인 글은 마치 재료가 별로인 음식과 같다. 음식 재료가 별로인데 건강하고 맛있는 음식이 만들어질 리 없듯이, 글감이 별로인데 좋은 글이 써질 리 만무하다.

글감 잡기는 글쓰기에서 가장 첫 단계이면서도 가장 중요한 단계이다. 많은 아이들은 하루 일과 중에 글감 잡는 과정을 매우 힘들어한다.

> 나는 일기를 쓰려고 했는데 생각이 안 나서 계속 계속 생각이 안 났다. 그래서 앉아서도 생각하고 누워서도 생각했는데 그래도 생각이 안 났다. 계속 계속 생각했는데도 생각이 안 났다.

3학년 한 남자아이가 쓴 일기이다. 이 아이 일기에서도 알 수 있듯이 아이들에게 글감 잡기는 여간 고역이 아니다. 막막함이 엄습하는 것이다. 그런데 글감 잡기가 어려운 것이 맞다. 왜냐하면 글감을 잡는다는 것은 선택을 한다는 뜻이다. 자신에게 일어났던 수많은 사건들 중에서 유의미한 사건을 한 가지 선택하는 것이다. 이 과정에서 많은 능력들이 요구된다. 어른들도 선택을 잘 못하는 사람이 많은데 어린 아이들이야 말해서 무엇하겠는가? 하지만 분명한 사실은 이런 과정을 자꾸 연습하다 보면 나중에는 글감 잡기가 매우 쉬워진다는 사실이다. 쉬워질 뿐만 아니라 주변 모든 사건들이 글감이 될 수 있고 글감이 널렸다는 것을 깨닫는다.

글감 잡기는 나에게 일어난 하루의 일과들 중에서 의미 있는 일을 찾는 과정이다. 의미를 부여하기 전에는 모든 일이 나에게 '하나의 몸짓'에 지나지 않는다. 하지만 한 가지 일을 선택하고 의미를 부여하는 순간 그 일은 나에게 '꽃'이 되어 다가오는 것이다. '하나의 몸짓'과 같은 수많은 일들 중에서 하나의 일을 선택해서 '꽃'이 되게 하는 작업이 바로 글감 잡기이다.

글감을 잡으려면 자신의 하루를 떠올려야 한다. 막연하게 하루를 떠올리게 하는 것보다는 시간대별로 혹은 장소별로 나눠서 떠올려보게 하면 좋다. 시간대별로 떠올린다면 초등학생들은 아침, 점심, 저녁 시간 정도로 구분하는 것이 좋다. 각 시간대별로 기억에 남는 사건을 한 개씩 말하게 하고, 그중에서 가장 쓰고 싶은 것을 글감 삼아 쓰면 된다. 또는 장소별로 기억에 남는 일을 한 가지씩 떠올려보는 것도 좋다. 학교에서, 학원에서, 집에서와 같이 구분하면 된다. 각각의 장소에서 가장 기억에 남는 일을 글감 삼아 쓰면 된다.

매일 비슷한 일상이 반복되는 가운데 글감을 잡아 글을 쓰는 것은 쉽지 않다. 왜냐하면 초등생들에게는 체험이 바탕이 되어야 글을 쓸 수 있기 때문이다. 어른들은 체험을 하지 않아도 글을 쓰는 데 큰 어려움이 없다. 하지만 아이들은 생각만으로 글을 쓰기 어려운 존재들이다. 때문에 다양한 체험을 시켜줘야 그 체험들이 글감이 되어 글로 표현될 수 있다.

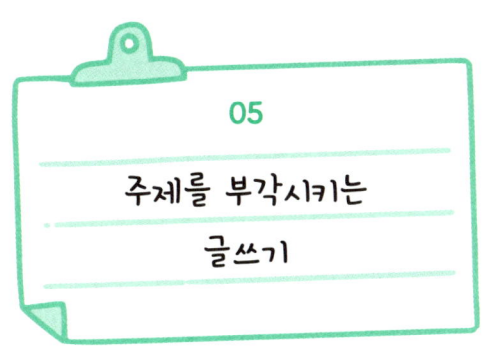

05 주제를 부각시키는 글쓰기

보통 글감을 잡은 후에는 그 글감을 통해 내가 말하고자 하는 바, 즉 '주제'를 결정하게 된다. 그런데 글감 잡기와 주제 정하기는 선후가 따로 없다. 주제가 결정되고 글감을 잡을 수도 있고, 글감을 잡고 주제를 결정할 수도 있기 때문이다. 글감과 주제의 관계는 요리 과정에 빗대면 쉽게 이해할 수 있다. 예를 들어, 저녁 반찬으로 무엇을 해먹을까 고민하면서 냉장고를 열었는데 마침 감자(글감)를 발견하고 감자로 감자국(주제)을 끓였다면 글감을 정하고 주제를 정한 것이다. 하지만 처음부터 감자국(주제)을 끓이고 싶어 냉장고를 열고 감자(글감)를 찾았다면 주제를 먼저 생각하고 글감을 찾은 셈이다. 하지만 아이들 수준의 글쓰기는 보통 글감을 찾고 그 글감을 통해 자신이 무엇을 표현하고자 하는지를 생각하는 것이 일반적이다.

똑같은 글감(사건)이라도 내가 부각시키고자 하는 주제에 따라 글은 완전히 다른 방향으로 전개가 된다.

주제 : 엄마 말을 잘 들어야겠다.

어제 추운 날씨에 친구들과 놀이터에서 늦게까지 놀았다. 그래서인지 감기에 걸리고 말았다. 열이 39도까지 올랐다. 감기 때문에 잠을 제대로 이룰 수가 없었다. 엄마도 내 옆에서 병간호를 하느라 잠을 못 주무셨다. 추운 날씨에 늦게까지 놀지 말라는 엄마 말을 듣지 않은 것이 후회된다. 다음부터는 엄마의 말을 잘 들어야겠다.

주제 : 엄마의 사랑

어제 추운 날씨에 친구들과 놀이터에서 늦게까지 놀았다. 그래서인지 감기에 걸리고 말았다. 열이 39도까지 올랐다. 감기 때문에 잠을 제대로 이룰 수가 없었다. 엄마도 내 옆에서 병간호를 하느라 잠을 못 주무셨다. 엄마는 밤새 내 이마에 물수건을 갈아주셨다. 엄마가 물수건을 갈아주실 때마다 그 물수건은 차가웠지만 한없이 따뜻하게만 느껴졌다.

위 두 일기는 '열 감기'를 글감으로 일기를 쓴 것이다. 하지만 주제가 달라짐에 따라 글 내용이 사뭇 달라진, 전혀 다른 글이 된다는 것을 알 수 있다. 같은 글감으로도 어떤 시각으로 바라보느냐에 따라 글의 내용은 완전히 달라질 수 있다. 사건을 바라보는 시각에 따라 자신의 생각과 느낌, 즉 주제는 확연하게 달라지기 마련이다.

글을 쓸 줄 아는 아이와 그렇지 못한 아이의 차이가 확연하게 드러나는 단계가 바로 이 단계이다. 글을 잘 쓰는 아이들은 주제가 잘 부각되게 쓴다. 하지만 글을 못 쓰는 아이들은 주제가 없거나 주제가 여러 개인 글을 쓰곤 한다.

글을 쓰기 전에 주제를 분명하게 정하지 않고 쓰면 글이 중구난방이 되고 산으로 가기 쉽다. 주제가 정해진다는 것은 글의 목표가 설정된다는 의미이다. 목표에 제대로 도달하고 못하고는 그다음의 일이다. 목표의식이 생기면 삶이 간결해지고 집중하게 된다. 마찬가지로 주제가 정해지면 글이 군더더기 없이 간결해진다. 아이가 글을 쓰기 전에 주제를 분명히 잡고 갈 필요가 있다.

주제와 관련하여 다음과 같은 사항을 점검하면 주제를 부각시키는 글을 쓰기가 수월해진다.

- 내가 글을 통해 무엇을 말하고 싶어 하는지가 분명한가?
- 내가 나타내고자 하는 주제는 한 가지인가?
- 글의 제목은 주제를 잘 드러내고 있는가?
- 주제에서 벗어난 이야기를 쓰지 않았는가?

글감 잡기가 '하나의 몸짓'을 '꽃'이 되게 하는 과정이었다면, 주제 정하기는 '꽃'에 '의미'를 부여하는 과정이다. 의미를 어떻게 부여하느냐에 따라 그 꽃은 수수한 개나리가 될 수도 있고 아름다운 장미가 될 수도 있다. 가장 흉측한 꽃은 개나리 같기도 하고 장미 같기도 한 꽃이다.

인생은 해석 싸움이다. 일어나는 사건들을 바라보면서 어떻게 해석하느냐에 따라 인생의 방향이 완전히 달라진다. 이런 측면에서 글을 쓸 때 글감을 통해 생각을 분명히 하고 주제를 부각시켜 쓰는 연습은 자신의 인생 방향을 분명히 하는 연습이라고도 할 수 있다.

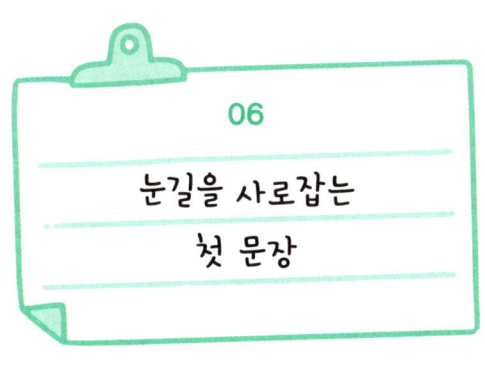

06 눈길을 사로잡는 첫 문장

독후감 대회나 백일장 등에서 아이들 작품을 평가할 기회가 종종 있다. 적게는 수십 편에서 많게는 백 편이 넘는 글을 읽어야 한다. 그런데 글을 쓴 아이들에게는 미안하지만 모든 작품을 처음부터 끝까지 꼼꼼하게 읽지 않는다. 처음 몇 줄 읽다가 잘 읽히면 끝까지 읽지만, 많은 경우 처음 서너 줄 읽다가 내려놓는다. 처음 몇 줄을 읽어보면 이어지는 내용이 뻔하기 때문이다.

'버려진 섬마다 꽃이 피었다.'

이 문장은 김훈 작가의 장편소설 『칼의 노래』의 첫 문장이다. 김훈 작가는 이 문장을 처음에는 '버려진 섬마다 꽃은 피었다'로 썼다가 담배를 한 갑 태우면서 고민한 끝에 결국 '버려진 섬마다 꽃이 피었다'로 바꾸었다고 한다. 작가들이 글을 쓸 때 글의 첫 문장 혹은 머리글을 얼마나 공들여 쓰는지를 잘 보여주는 예화라고 생각한다.

　글에서 머리글은 굉장히 중요하다. 글을 어떻게 시작하느냐에 따라, 글이 읽고 싶기도 하고 읽기 싫어지기도 한다. 글을 쓰는 사람들이 글을 쓸 때 제목과 더불어 중요하게 생각하는 것이 처음 시작하는 말이다. 아이들은 글을 쓸 때 이런 사실을 잘 몰라 처음 부분을 아무 생각 없이 습관적으로 똑같은 말로 시작하는 경우가 많다. 다음은 3학년 여자아이의 일기 첫 부분만을 따왔다.

오늘은 추석인데 아무데도 못 갔다.

오늘은 태권도에서 줄넘기 대결을 했다.

오늘은 정신이 없을 정도로 바빴다.

오늘은 5교시에 미소를 찾았다.

오늘은 재미있는 쇼핑을 했다.

오늘은 내가 아빠 생일선물을 사주었다.

오늘은 난생 처음으로 무지개를 보았다.

오늘은 심심하고 외로운 날이다.

오늘은 영어학원이 쓸쓸하였다.

　이 아이 일기는 신기할 정도로 '오늘은'으로 시작한다. 이번에는 또 다른 3학년 남자아이 글을 소개하고자 한다.

나는 오늘 포도밭의 여우라는 책을 읽었다.

나는 오늘 도둑은 누구일까를 읽었다.

나는 오늘 빨간 모자라는 제목을 가진 책을 읽었다.

나는 요즘에 학교에 안 가고 온라인 학습을 하고 있다.

나는 아침에 일찍 일어나 아침밥을 먹었다.

나는 9월 25일에 이사를 왔다.

이 아이는 일기가 '나는'으로 시작하는 것을 알 수 있다. '오늘은', '나는'과 같은 말로 시작하는 초등생의 일기가 큰 문제가 있는 것은 아니다. 커가면서 자연스럽게 사라지니 말이다. 하지만 '오늘은', '나는'과 같은 무의미한 말로 매번 시작한다는 것은 글 첫머리의 중요성을 잘 모른다는 것이다. 또한 재미있게 읽히는 매력 있는 글을 위해 어떻게 써야 하는지를 모른다는 것이다. 재미있는 머리글은 다음과 같이 시작하면 좋다.

글머리 시작하는 방법	예시
대화글로 시작하기	"지인아, 빨리 일어나." 엄마의 다급한 목소리가 내 귓가에 들려왔다.
멋진 인용 구절로 시작하기	'천릿길도 한 걸음부터' 이 말은 내가 참 좋아하는 말이다. 왜냐하면
흉내 내는 말로 시작하기	"쨍그랑 와장창~" 5교시 수업을 시작하려는데 갑자기 복도에서 이런 소리가 들려왔다.
날씨 이야기로 시작하기	오늘 아침까지만 해도 폭우가 쏟아지더니 오후가 되니 언제 그랬냐는 듯이 맑아졌다. 날씨는 정말 변덕쟁이 같다.
장소로 이야기 시작하기	학교 정문에서 벌어진 일이다. 학교가 끝나고 학교 정문에서 병아리를 파는 아저씨를 보았다.
구체적인 시간으로 시작하기	바로 어제 저녁에 있었던 일이다. 우리 동생이 소파에서 떨어져 다쳤다.
내 기분을 말하면서 시작하기	내 기분은 지금 완전 똥 밟은 기분이다. 왜냐하면 학교에서 친구 지완이와 싸웠기 때문이다.
제목과 반대되는 내용으로 시작하기	제목 : 엄마의 사랑 나는 솔직히 요즘 들어 엄마가 싫어졌다.

이런 식의 글머리 시작하는 방법을 몇 가지 자기 것으로 만들고 글을 쓸 때 의식적으로 활용하면 된다. 처음에는 조금 어렵게 느껴질지 모르지만 익숙해지면 나중에는 자유자재로 구사할 수 있다.

'시작이 반이다'라는 말이 있는데 '글머리가 반이다'라는 말로 고쳐 쓸 수 있을 듯하다. 글머리를 멋지게 시작한다는 것은 아이가 생각을 하면서 글을 쓰고 있다는 증거이다. 멋진 글머리는 글쓰기의 시작점이라 할 수 있다.

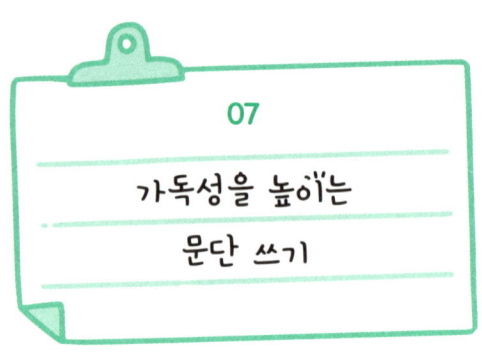

07 가독성을 높이는 문단 쓰기

어떤 아이들이 쓴 글은 눈이 시원하고 가독성이 높지만, 어떤 아이들의 글은 보는 순간 눈살이 찌푸려지고 가독성이 매우 떨어진다. 이유는 여러 가지이겠지만 문단을 나눴느냐 아니냐에 따라 가독성의 차이가 크게 난다. 문단 나누기가 된 글과 안 된 글의 차이는 마치 후줄근한 추리닝을 입은 사람과 말쑥한 정장 차림을 한 사람과의 차이처럼 전혀 다른 느낌이 난다.

'문장이 몇 개 모여 한 가지 생각을 나타내는 것을 문단이라고 해요. 문단이 모여서 한 편의 글이 돼요.'

이 '문단'의 뜻은 현행 3학년 1학기 국어 2단원에 실려 있는 내용이다. 문단의 뜻만 아니라 문단이 중심 문장과 뒷받침 문장으로 구성되어 있다는 것까지 배우고 문단을 지으며 글을 써보는 연습을 한다. 그런데 문제는 3학년 아이들 중에 문단을 지으면서 글을 쓸 줄 아는 아이들이 거의 없다는 것이다. 고학년들 중에도 원활하게 문단을 지으며 글을 쓸 줄 아는 아이들이 손으로 꼽을 정도이다. 왜 그럴까? 문단 짓는 것은 글쓰기 능력이라기보다 사고 능력과 관련 있기 때문이다.

'문단(文段)'은 '글을 내용이나 형식을 중심으로 끊어 나눈 단위'이다. 같은 글이라도 문단이 지어진 글과 그렇지 않은 글은 가독성 면에서 크게 차이가 난다. 글을 쓰는 사람 입장에서도 문단을 지으면서 글을 써야 두서가 생기고 조리 있는 글을 쓰기 용이하다. 문단이 없는 글은 흡사 쉼표 없는 노래와 같다. 노래 한 소절이 끝나면 쉬어야 하듯 글을 쓸 때는 한 문단이 끝나면 쉬어야 한다. 쉬면서 자기가 쓴 글을 다시 살펴보면서 제대로 써졌는지 다시 한 번 읽어보고 쓸 내용을 생각해봐야 한다.

하지만 문단을 지으면서 글쓰기란 여간 어려운 게 아니다. 만약 아이가 문단을 잘 지으면서 글을 쓴다고 하면 이 아이는 분명 글을 어느 정도 쓸 줄 아는 아이일 것이다. 그만큼 문단을 지으면서 글을 쓰는 것은 하루아침에 생기는 능력이 아니다. 이론적으로 열심히 배운다고 해서 얻을 수 있는 능력도 아니다. 글을 많이 쓰다 보면 어느 순간 터득이 되고, 문단을 짓지 말라고 해도 문단을 지으면서 쓰게 되어 있다.

분류적 사고가 되어야 문단 짓기가 가능하다

문단을 지으면서 글을 쓸 수 있으려면 먼저 분류적 사고가 가능해야 한다. 분류는 어떤 기준에 의해 대상들을 가르는 것을 말한다.

연필, 지우개, 자, 빗자루

열거한 이 사물들을 2가지로 분류하라고 하면 다음과 같이 분류할 수 있을 것이다.

분류 기준 1 : 쓰임새	공부할 때 쓰는 학용품	연필, 지우개, 자
	청소할 때 쓰는 용품	빗자루
분류 기준 2 : 볼 수 있는 곳	필통	연필, 지우개, 자
	청소함	빗자루

이것 말고도 분류 기준은 얼마든지 더 많을 것이다. 요는 분류 기준에 따라 얼마든지 분류 대상은 달라질 수 있다는 것이다. 문단을 잘 짓기 위해서는 이런 분류적 사고가 원활하게 되어야 한다. 문단을 지을 때, 문단에 들어갈 수 있는 내용과 들어갈 수 없는 내용을 분류해야 한다. 분류적 사고가 되지 않으면 같은 '한 가지 생각(주제)'으로 문단을 쓰지 못한다.

① 장승은 여러 가지 구실을 했습니다.

② 장승은 나쁜 병이나 기운이 마을로 들어오는 것을 막아준다고 믿었습니다.

③ 장승은 나그네에게 길을 알려주기도 했습니다.

④ 장승은 마을과 마을 사이를 나누는 구실도 했습니다.

⑤ 장승은 나무나 돌에 사람 얼굴 모습을 조각해 만들었습니다.

만약 위와 같은 내용을 가지고 장승에 대해 글을 쓰고자 했을 때 한 문단으로 포함시키면 안 되는 문장은 어떤 것일까? ⑤번 문장이란 걸 쉽게 알 수 있다. 다른 문장들은 장승의 구실에 대해 말하고 있지만, ⑤번 문장은 장승을 만드는 방법에 대해 말하고 있기 때문이다. 어른들은 아이들에 비해 분류적 사고를 훨씬 잘하기 때문에 쉽게 알 수 있지만 초등학생들은 무척 어려워한다.

서너 문단으로 일기 쓰기

제목 : 어려운 벌레 잡기

오늘은 벌레를 잡으러 한강에 갔다. 처음에 갈 때에는 기분도 좋았고, 어떤 벌레를 잡을까 하며 설레었다. 그런데 지난 일요일 날에는 하늘에 잠자리가 많았지만 오늘은 하늘에 구름뿐이었다. 일요일에는 바닥에 지렁이, 개미, 매미 등 많은 벌레가 있었지만, 오늘은 바닥에 매미도 없고 지렁이도 안 보였다. 나는 실망감이 컸다. 나는 동생과 개미를 찾아 다녔다. 개미를 잡고 싶었다. 개미를 찾아다니며 난 이렇게 생각했다. '조그마한 개미쯤이야. 식은 죽 먹기일 거야~' 하지만 개미잡기가 시작되면서 개미가 안 보였다. 난 이렇게 생각했다. '혹시 개미들이 숨바꼭질을 하나?' 이렇게 생각하며 돌아다니다가 드디어 개미 한 마리를 찾았다. 나는 발로 길을 막으며 개미를 잡고 동생은 통을 들고 다니며 잡으려고 했지만, 결국 못 잡았다. 여덟 마리 정도를 봤지만 한 마리도 못 잡았다. 포기하고 집에 가려고 하는데 개미 한 마리가 보였다. 하느님이 내 소원을 이루어주셨나 보다! 그 한 마리를 잡았다. 돗자리를 접고 집으로 가려고 걸어가고 있었다. 그런데, 내가 통을 떨어뜨려서 개미가 탈출하고 말았다. 난 슬펐다. 이런 생각이 들었다. '이 바보! 왜 이걸 떨어뜨려.' 동생도 아쉬운지 울었다. 아쉬워하면서 집으로 돌아왔다. 난 오늘 있었던 일이 기억에 계속 남을 것이다.

이 일기는 3학년 남자아이가 쓴 일기이다. 3학년이 이 정도 글을 쓰면 꽤 잘 쓴다고 할 수 있다. 문제는 이 일기는 문단 나누기가 전혀 되어 있지 않아서 보기에 숨이 막히고 읽기가 어렵다는 점이다. 서너 문단으로 나누면 훨씬 읽기 편한 일기가 될 것이다.

제목 : 어려운 벌레 잡기

오늘은 벌레를 잡으러 한강에 갔다. 처음에 갈 때에는 기분도 좋았고 어떤 벌레를 잡을까 하며 설레었다. 그런데 지난 일요일 날에는 하늘에 잠자리가 많았지만 오늘은 하늘에 구름뿐이었다. 일요일에는 바닥에 지렁이, 개미, 매미 등 많은 벌레가 있었지만 오늘은 바닥에 매미도 없고 지렁이도 안 보였다. 나는 실망감이 컸다. (→1문단 : 한강에 벌레 잡으러 갔다.)

나는 동생과 개미를 찾아 다녔다. 개미를 잡고 싶었다. 개미를 찾아다니며 난 이렇게 생각했다. '조그마한 개미쯤이야, 식은 죽 먹기일 거야~' 하지만 개미잡기가 시작되면서 개미가 안 보였다. 난 이렇게 생각했다. '혹시 개미들이 숨바꼭질을 하나?' 이렇게 생각하며 돌아다니다가 드디어 개미 한 마리를 찾았다. 나는 발로 길을 막으며 개미를 잡고 동생은 통을 들고 다니며 잡으려고 했지만, 결국 못 잡았다. (→2문단 : 개미를 한 마리도 못 잡았다.)

여덟 마리 정도를 봤지만 한 마리도 못 잡았다. 포기하고 집에 가려고 하는데 개미 한 마리가 보였다. 하느님이 내 소원을 이루어주셨나 보다! 그 한 마리를 잡았다. (→3문단 : 마지막에 한 마리를 잡았다.)

돗자리를 접고 집으로 가려고 걸어가고 있었다. 그런데, 내가 통을 떨어뜨려서 개미가 탈출하고 말았다. 난 슬펐다. 이런 생각이 들었다. '이 바보! 왜 이걸 떨어뜨려.' 동생도 아쉬운지 울었다. 아쉬워하면서 집으로 돌아왔다. 난 오늘 있었던 일이 기억에 계속 남을 것이다. (→4문단 : 잡은 한 마리를 놓쳤다.)

똑같은 일기를 문단만 나눴을 뿐이지만 글이 사뭇 달라 보인다. 아이가 평소 일기를 쓸 때 문단을 나누면서 쓰게 하면 문단 나누기를 연습할 수 있어 좋다. 아이들이 쓰는 일기는 보통 서너 문단 정도로 나눠 쓰면 좋다. 시작하는 문단 한 개, 하고 싶은 이야기 한두 개, 정리하는 문단 한 개 정도로 생각하면 쉽다. 글감과 주제를 먼저 정하고 이에 맞는 내용의 문단을 서너 개 정도로 구성한 후 글쓰기를 시작하면 된다. 시간의 흐름에 따라 적으면 되고, 원인과 결과 등이 잘 드러나게 쓰면 좋다.

글감 : 수학 시험

주제 : 수학 시험 결과가 좋아 신난다.

1문단(시작하는 문단) : 떨리는 수학 시험

어제 수학 2단원 도형 시험을 봤다. 정말 떨렸다. 지난 1단원에서는 90점을 받았었다. 다 아는 문제였는데 실수로 두 개나 틀렸다. 엄마도 내 점수에 실망을 했었다. 이번 시험에서는 꼭 100점을 받아야겠다고 마음먹고 시험공부도 열심히 했다.

2문단 : 신중하게 본 수학 시험

드디어 수학 시험 시간이 되었다. 선생님이 시험지를 나눠줬는데 실수하지 않으려고 선생님 말씀처럼 문제를 3번씩 읽고, 한 문제씩 신중하게 풀어갔다. 드디어 마지막 문제까지 다 풀었다. 선생님은 반 아이들이 모두 100점을 받으면 어떡하나 걱정된다고 너스레를 떠셨다. 선생님 말씀처럼 시험은 쉬웠다. 하지만 혹시나 몰라서 다 푼 후에도 5번도 더 검토했다.

3문단 : 100점 받은 수학 시험

드디어 마지막 6교시에 선생님이 시험지를 나눠주셨다. 나는 몇 점을 받았을지 몰라 정말 가슴이 터질 것 같았다.

"정희찬."

선생님이 드디어 내 이름을 부르셨다. 나는 잽싸게 선생님께 달려가 시험지를 낚아채듯 받았다. 100점이었다. 점수를 보는 순간 나도 모르게 '야호'라고 소리를 질렀다. 하늘로 날아오를 것 같았다.

4문단(정리하는 문단) : 맛있는 양념반 프라이드반

집에 도착하자마자 엄마에게 100점 받은 시험지를 보여드렸다. 엄마도 너무 기뻐하시며 핸드폰을 꺼내시더니 양념 반 프라이드 반을 시켜주셨다. 저녁에 가족들이 둘러 앉아 먹는 양념 반 프라이드 반은 정말 꿀맛이었다. 내가 이제껏 먹어본 치킨 중에 가장 맛있었다. 아마 100점 받아서 먹는 치킨이라서 그런 것 같다. 다음에도 계속 100점을 받아 가족들에게 양념 반 프라이드 반을 선물해주고 싶다.

초등 고학년이 되어서도 문단을 지으면서 글을 쓰는 것을 어렵게 생각하는 아이들이 많다. 이는 결코 쉬운 작업이 아니다. 좀 여유 있게 생각할 필요가 있다. 아이가 3, 4학년쯤 되면 문단 나누면서 글을 쓸 수 있도록 도와주면 좋다. 몇 번 도움을 주다 보면 문단 짓는 방법을 터득할 수 있다.

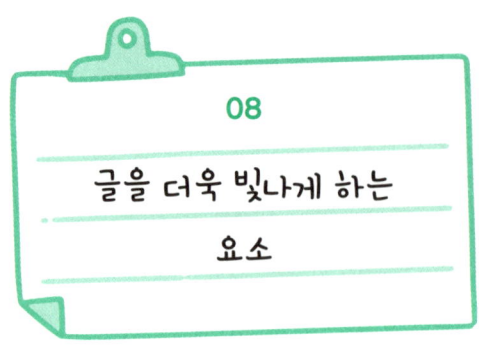

08 글을 더욱 빛나게 하는 요소

화장을 잘하는 사람과 잘 못하는 사람은 차이가 크게 난다. 그런데 그 차이는 사소한 차이에서 비롯되곤 한다. 아주 작은 차이가 큰 차이를 만들어내는 것이다. 글도 마찬가지이다. 조금만 신경 쓰면 굉장히 예쁘게 보일 수 있다. 글씨를 바르게 쓰거나 일정한 간격으로 띄어쓰기를 한 글은 내용과 관계없이 굉장히 정갈하고 잘 쓴 것처럼 보인다. 또한 문장 부호가 적재적소에 잘 사용된 글은 예쁜 액세서리처럼 글을 더욱 돋보이게 만들 수 있다.

문장 부호

한 출판사에 다음과 같은 편지가 왔다.

'?'

이 편지에 대한 답장으로 출판사 사장은 웃으면서 답장을 보냈다.
'!'

세상에서 가장 짧은 편지로 알려져 있는 이 편지들은 『레 미제라블』 작가인 빅토르 위고와 출판사 사장 간에 주고받은 편지이다. '?'는 책이 잘 팔리느냐는 빅토르 위고의 물음이었고, '!'는 아주 잘 팔린다는 출판사 사장의 답변으로 알려졌다. 어쨌든 문장 부호 하나로 의사소통을 할 수 있다는 걸 증명한 셈이다. 문장 부호 하나가 긴 글보다 더 많은 것을 말해줄 수도 있다.

문장 부호는 잘 쓰면 문장의 뜻을 더욱 잘 드러나게 하고 돋보이게 할 수 있지만, 남용하거나 오용하면 오히려 독이 될 수 있다. 예를 들어 쉼표 하나도 잘못 사용하면 전혀 다른 의미의 문장이 되어버린다.

① 나는, 자전거를 타고 마트에 간 엄마를 뒤쫓아 간다.
② 나는 자전거를 타고, 마트에 간 엄마를 뒤쫓아 간다.

①번 문장과 ②번 문장은 쉼표 위치만 다르게 찍혔을 뿐인데 의미가 전혀 다르다. ①번 문장에서 '자전거를 탄 사람'이 엄마이지만, ②번 문장에서 '자전거를 탄 사람'은 내가 된다. 이처럼 쉼표 하나도 어디에 찍느냐에 따라 문장의 의미가 전혀 달라지기 때문에 글을 쓸 때 조심해야 한다.

문장 부호는 문장의 구조를 잘 드러나게 하거나 글쓴이의 의도를 쉽게 전달하기 위해 쓰는 여러 가지 부호들이다. 문장 부호는 가짓수가 워낙 많다. 이 책에서는 초등학교 교과서에 소개되는 문장 부호를 중심으로 소개하되 생활 속 글쓰기에서도 많이 활용되는 문장 부호들을 소개하고자 한다.

문장 부호	쓰임	예시
마침표(.)	서술문, 명령문, 청유문 등의 끝에 쓴다.	* 밥을 먹었습니다. * 이것을 먹어라.
쉼표(,)	상대방을 부르거나 대답하는 말 뒤에 쓰거나 같은 자격의 어구를 나열할 때 쓴다.	* 형님, 이것 좀 보시죠. * 정치, 경제, 사회, 문화 전반에 걸쳐 영향을 준다.
물음표(?)	묻는 문장 끝에 쓴다.	* 이거 해도 됩니까?
느낌표(!)	느낌을 나타내는 문장이나 감탄형으로 끝나는 문장 끝에 쓴다.	* 너무 외롭구나! * 봄이 이렇게나 아름답다니!
큰따옴표(" ")	어떤 사람이 한 말(대화글)을 적을 때 쓴다.	* "너 밥 먹었니?"
작은따옴표(' ')	마음속으로 한 말을 옮겨 적거나 인용한 말을 적을 때 쓴다.	* '선생님은 내 마음도 모르면서' 속으로 이렇게 외쳤다. * 우리말에 '공든 탑이 무너지랴'라는 말이 있다.

줄임표(……)	할 말을 줄였을 때 사용하며 문장이 끝날 경우에는 마침표나 물음표 또는 느낌표와 같이 쓴다.	* 선생님, 제가 사실은…….
쌍점(:)	표제 다음에 해당 항목을 들어 설명을 하거나, 시간, 장과 절, 법률 항목 등을 구분할 때 쓴다.	* 봄꽃 : 개나리, 진달래, 목련 등 * 5:47

글씨 바르게 쓰기

글씨는 내용물을 포장하는 포장지와도 같다. 포장지가 무엇이냐에 따라 내용물이 달라 보이는 것은 인지상정이다. 만약 백화점에서 명품백을 샀는데 신문지에 둘둘 말아서 준다면 그 명품백의 가치는 갑자기 거리 좌판에서 파는 짝퉁 백처럼 전락할 것이다. 마찬가지로 정성스럽게 쓴 글씨는 내용이 별것 없는 글도 명문처럼 보이게 하지만, 휘갈겨 쓰거나 날려 쓴 글씨는 좋은 명문의 가치를 떨어뜨린다. 교사 입장에서 아이들이 날려 쓴 글들은 읽기조차 싫다.

아무리 중요한 글쓰기라고 하더라도 아이들은 평소 습관대로 글씨를 쓰곤 한다. 글씨는 평소 습관이 중요하다. 평소 글씨를 쓸 때 바르고 정성 들여 쓰는 습관이 무엇보다 중요하다. 아이의 글씨체가 너무 많이 흐트러졌다면 고학년이라도 처음 한글을 배울 때처럼 저학년들이 쓰는 네모 칸 공책에 글씨를 쓰면서 글씨체를 교정하는 것이 좋다. 방학처럼 시간적 여유가 있는 기간에는 글씨 연습을 할 수 있는 교재를 구입해서 글씨 연습을 시켜주는 것이 좋다.

띄어쓰기

아이들 중에 띄어쓰기를 신경 쓰면서 글을 쓰는 아이들은 찾아보기 힘들다. 아이들이 이렇게 띄어쓰기를 무시하는 것은 띄어쓰기의 중요성을 잘 모르기 때문이다.

띄어쓰기를 잘못해 의미가 왜곡된 문장	띄어쓰기를 제대로 한 문장
* 아버지 가방에 들어가신다. * 동생이 자꾸 만져요. * 할머니 가죽을 먹습니다.	* 아버지가 방에 들어가신다. * 동생이 자꾸만 져요. * 할머니가 죽을 먹습니다.

예시처럼 우리말은 띄어쓰기를 잘못하면 전혀 다른 황당한 의미로 왜곡되기도 한다. 이런 이유 때문에 띄어쓰기는 신경을 쓰면서 글을 써 버릇해야 의도치 않게 의미가 와전되는 것을 방지할 수 있다. 하지만 맞춤법에 맞는 띄어쓰기는 어른들도 어렵다. 초등학생 때는 특별히 눈에 거슬리는 띄어쓰기가 아닌 이상 크게 잔소리하지 않는 것이 좋다. 학년이 올라가고 읽는 책이 많아질수록 자연스럽게 터득되는 것이 띄어쓰기이다.

하지만 띄어쓰기를 가지런하게 하는 것은 초등학생 때 반드시 잡아주어야 한다. 가지런한 띄어쓰기란 띄어쓰기를 한 곳과 붙여쓰기를 한 곳의 차이가 드러나게 쓰라는 말이다. 또한 띄어쓰기 간격도 일정하게 띄어 쓰는 것을 말한다.

  많은 아이들이 띄어쓰기를 아예 안 하거나 띄어쓰기를 하긴 했지만 간격이 너무 좁거나 넓게 하기도 한다. 심지어 띄어쓰기 간격이 어느 곳은 넓고 어느 곳은 좁고 들쭉날쭉인 경우도 있다. 너무 바짝 붙여 쓰면 띄어쓰기를 했는지 안 했는지 표시가 안 나고 답답해 보인다. 반면 너무 많이 띄어쓰기를 하면 원형 탈모된 사람처럼 휑해 보인다. 띄어쓰기는 간격이 중요한데 적당한 간격은 자신의 글씨 한 글자만큼 띄어 쓰면 된다. 띄어쓰기만 적당한 간격으로 일정하게 해도 가지런한 이처럼 예뻐 보이고 글이 훨씬 정돈된 느낌이 든다.

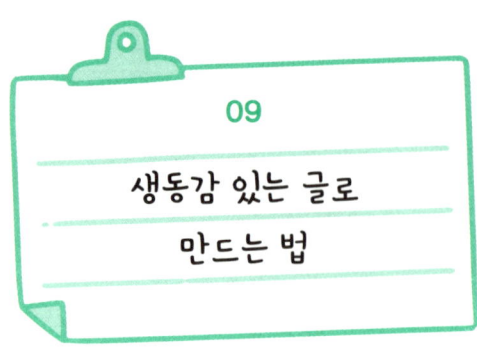

09 생동감 있는 글로 만드는 법

아이가 쓴 글을 읽었는데 도통 재미가 없고 생동감이 느껴지지 않는 다면 세 가지를 보면 된다. 글 중에 대화글이 사용되었는지, 흉내 내는 말을 사용했는지, 느낌이나 생각 문장을 많이 썼는지 살펴보면 된다. 이 세 가지는 글을 생동감 있게 만든다. 아무 맛도 안 나던 글에 감칠맛이 돌게 만드는 조미료 같은 역할을 한다.

제목 : 놀러 가는 날

나는 오늘 수업이 끝난 뒤에 호텔에 놀러 간다. 정말 기대된다. 화요일부터 기대하면서 오늘만을 기다려왔다. 내 생각엔 거기에서 맛있는 것도 먹고 할머니랑 큰아빠도 같이 와서 놀면서 재미있는 주말을 보낼 것 같다. 정말로 기대된다.

이 일기는 3학년 한 남자아이가 수업 시간에 쓴 일기이다. 못 쓴 글은 아니지만 왠지 글이 재미가 없고 밋밋하게 느껴진다. 이 글에 대화글, 흉내 내는 말, 비유적 표현, 느낌이나 생각 문장 등을 넣어 생동감 있는 글로 바꿔보고자 한다.

대화글 쓰기

대화글은 아주 사소한 것일지 모르지만 대화글이 들어간 글과 그렇지 않은 글은 정말 달라 보인다. 대화글을 쓰면 읽는 사람으로 하여금 그 상황에 있는 것 같은 착각이 들게 만드는 효과가 있다. 또한, 대화글은 입말이기 때문에 글말의 한계를 극복하게 만드는 좋은 도구가 될 수 있다.

　주의할 점은 대화글을 쓸 때는 줄을 바꿔 써야 한다는 점과 큰따옴표(" ")를 사용해야 한다는 점이다. 또한 대화글을 쓰면 좋다고 해서 대화글을 너무 남발하는 것은 좋지 않다. 신선함이 떨어지고 글의 종류가 모호해진다. 일기를 쓸 때는 한두 곳 정도에 대화글을 사용하면 효과적이다.

제목 : 놀러 가는 날

"동하야, 이번 주 금요일에 호텔에 가서 놀 거야."

"정말요?"

지난 화요일에 가족끼리 호텔에 놀러간다는 말을 듣고 얼마나 기뻤는지 모른다. 드디어 오늘이 바로 금요일이다. 나는 오늘 수업이 끝난 뒤에 호텔에 놀러간다. 정말 기대된다. 화요일부터 기대하면서 오늘만을 기다려왔다. 내 생각엔 거기에서 맛있는 것도 먹고 할머니랑 큰아빠도 같이 와서 놀면서 재미있는 주말을 보낼 것 같다. 정말로 기대된다.

흉내 내는 말 쓰기

흉내 내는 말이란 사람이나 사물의 소리, 모습, 냄새, 촉감 등을 나타낸 말이다. 멍멍, 아삭아삭, 쿨쿨, 방긋방긋, 아장아장, 뻘뻘, 뜨끈뜨끈 등과 같은 말이 흉내 내는 말에 속한다. 흉내 내는 말을 사용하면 더 생생하고 실감 나는 글을 쓸 수 있다. 초등학생들은 입말이 발달했기 때문에 특성상 흉내 내는 말을 아주 좋아하고 즐겨 사용한다. 시를 쓸 때 특히 많이 사용된다. 일기를 쓸 때는 일기 한 편에 한두 개 정도의 흉내 내는 말을 사용하면 좋다.

제목 : 놀러 가는 날

"동하야, 이번 주 금요일에 호텔에 가서 놀 거야."

"정말요?"

지난 화요일에 가족끼리 호텔에 놀러간다는 말을 듣고 얼마나 기뻤는지 모른다. 드디어 오늘이 바로 금요일이다. 나는 오늘 수업이 끝난 뒤에 호텔에 놀러간다. 정말 기대된다. 심장이 발딱발딱 터질 것 같다. 화요일부터 기대하면서 오늘만을 기다려왔다. 내 생각엔 거기에서 맛있는 것도 먹고 할머니랑 큰아빠도 같이 와서 왁자지껄 놀면서 재미있는 주말을 보낼 것 같다. 정말로 기대된다.

느낌 생각 문장 쓰기

글은 사실을 나타내는 '사실 문장'과 느낌이나 생각을 나타내는 '느낌 생각 문장'으로 나뉜다. 아이들은 느낌이나 생각보다는 사실 위주로 글을 쓰는 경향이 있다. 아직 자신의 생각이 덜 여물고 덜 자랐기 때문이다. 하지만 재미있고 생생한 글을 쓰기 위해서는 '느낌 생각 문장'을 적절하게 섞어 써야 한다. 일기를 쓸 때 한두 군데에 느낌이나 생각을 구체적으로 쓰면 글이 훨씬 재미있고 생생하게 느껴지게 쓸 수 있다.

제목 : 놀러 가는 날

"동하야. 이번 주 금요일에 호텔에 가서 놀 거야."

"정말요?"

지난 화요일에 가족끼리 호텔에 놀러간다는 말을 듣고 얼마나 기뻤는지 모른다. 드디어 오늘이 바로 금요일이다. 나는 오늘 수업이 끝난 뒤에 호텔에 놀러간다. 정말 기대된다. 심장이 발딱발딱 터질 것 같다. 화요일부터 기대하면서 오늘만을 기다려왔다. 시간이 거북이가 된 것처럼 정말 천천히 갔다. 지금도 시간이 너무 안 간다. 수업 끝나기만 손꼽아 기다리다 내 손가락이 다 빠질지도 모르겠다. 내 생각엔 거기에서 맛있는 것도 먹고 할머니랑 큰아빠도 같이 와서 왁자지껄 놀면서 재미있는 주말을 보낼 것 같다. 정말로 기대된다.

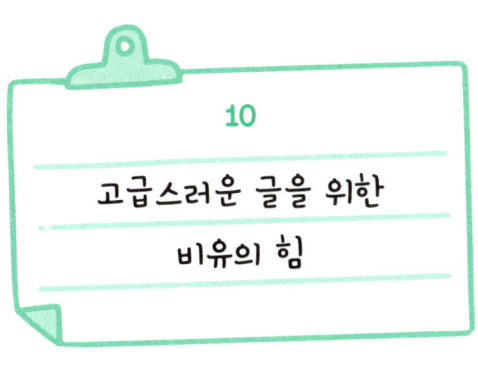

10
고급스러운 글을 위한 비유의 힘

『명심보감』 18편 언어(言語)편 5장에 '口是傷人斧(구시상인부)'라는 구절이 나온다. 해석하면 '입은 사람을 찍는 도끼다'이다. 줄여서 표현하면 '입은 도끼다'라고 표현할 수 있을 듯하다. 왠지 친숙한 표현 아닌가? 이 구절을 보는데 박웅현 작가의 『책은 도끼다』라는 작품이 생각났다. 박웅현 작가는 인문학적 소양으로 광고를 만드는 광고인으로 유명한데 '책은 도끼다'라는, 수십만 부가 팔린 베스트셀러를 만들어냈다.

'입은 사람을 찍는 도끼다.'

'책은 도끼다.'

이런 표현들을 우리는 '비유적 표현'이라 부른다. 비유적 표현이란 어떤 사물을 보다 효과적으로 나타내기 위해 비슷한 다른 사물에 빗대어 표현하는 방법이다. 보통은 'OO은 OO이다'의 형식을 띤다. '입은 사람을 찍는 도끼다'는 말의 중요성을 효과적으로 나타내기 위해 입을 도끼에 빗댔다. '책은 도끼다'는 책읽기의 중요성과 파괴력을 효과적으로 나타내기 위해 책읽기를 도끼에 빗댔다. 보통 사람들은 잘 생각해내지 못하는 신선한 비유이다. '말은 정말 중요하다'라는 표현보다는 '입은 사람을 찍는 도끼다'라는 비유적 표현이 훨씬 더 와 닿는다. '책읽기는 진짜 중요하다'라는 표현보다는 '책은 도끼다'라는 비유적 표현이 강렬하고 뇌리에 와 박힌다. 비유적 표현의 힘이다.

 멋진 비유적 표현이 있는 글과 그렇지 않은 글은 글의 품격이 달라 보인다. 강렬한 비유적 표현 한 문장은 글의 보석과도 같다. 어떤 글은 군데군데 보석 같은 문장들이 있어 글을 읽을 맛이 난다. 그 문장에는 밑줄을 긋고 싶다. 평생 기억하고 싶고 나도 글을 쓸 때 인용해서 써보고 싶은 생각이 든다. 비유적 표현이 가진 가치이다. 비유적 표현 방법을 잘 익혀 글을 쓸 때 활용한다면 품격이 다른 글을 쓸 수 있다.

원관념과 보조관념

비유에서 원래 표현하려고 하는 대상을 '원관념'이라 하고, 원관념을 효과적으로 표현하기 위해 끌어온 대상을 '보조관념'이라 한다. 원관념과 보조관념 사이에는 특징, 모양, 색깔, 성질 등이 비슷하면 된다.

예를 들어 '쟁반같이 둥근 달'과 같은 비유적 표현은 둥근 달(원관념)을 효과적으로 표현하기 위해 쟁반(보조관념)에 빗대었는데, 이들 둘은 모두 '둥글다'라는 속성이 있기 때문에 비유적 표현이 될 수 있다. 하지만 '쟁반같이 둥근 달'과 같은 비유적 표현은 너무 많은 사람들이 쓰면서 식상하고 신선한 느낌이 없는 죽은 비유에 속한다.

하지만 '책은 도끼다'라는 표현은 '책(원관념)'과 '도끼(보조관념)'가 서로 아무 공통점이나 연관성이 없어 보이는데 생각해보면 말이 된다. 도끼가 파괴력 있는 무기이듯 책도 엄청난 위력을 가진 무기라는 것에 착안해서 '책은 도끼다'라는 표현을 사용한 것이다. 이런 비유적 표현은 굉장히 낯선 비유지만 아무나 생각해낼 수 없는 멋진 표현이라 할 수 있다.

비유적 표현 방법

부모님들이 중학교 때 배운 직유법, 은유법, 의인법, 활유법, 풍유법 등이 모두 비유적 표현의 종류라 할 수 있다. 이 중에서 초등학생들도 알면 글 쓰는 데 도움이 되는 세 가지를 소개하고자 한다.

직유법

비슷한 속성을 가진 두 사물을 '~처럼', '~같이', '~듯' 등으로 연결하여 빗대는 방법을 말한다. 예를 들어 '쟁반같이 둥근달', '꿀처럼 달

콤한 수박', '100점을 받은 듯 신나는 하루' 같은 표현들이다. 직유법을 사용한 비유적 표현은 초등학교 저학년 아이들도 조금만 연습하면 잘할 수 있다.

은유법

앞에서 설명한 '원관념'과 '보조관념'을 연결하여 'OO은 OO이다'와 같은 형태로 표현하는 방법이다. 예를 들어 '내 마음은 호수다', '구름은 솜사탕이다', '책은 도끼다'와 같은 표현들이다. 이런 은유법은 초등생들이 제대로 활용하는 게 쉽지는 않다. 은유법 잘 활용하면 기발한 표현이 되기도 하지만 원관념과 보조관념의 연관성이 적으면 장난스럽고 황당한 표현으로 그칠 수 있다.

3학년 아이들에게 '책읽기는 OO이다'로 표현해보라고 했더니 한 아이가 '책읽기는 용돈이다'로 표현했다. 이유는 책을 읽으면 엄마가 한 권에 천 원씩 주기 때문이라고 했다. 책읽기와 용돈이 연관성이 없을 것 같은데 은근히 잘 어울리고 멋진 표현이라 할 수 있다.

의인법

사람이 아닌 동물, 식물, 사물 등을 사람에 빗대어 마치 사람인 것처럼 표현하는 방법이다. '멀리 있는 산들이 나를 향해 걸어온다', '파도가 나를 이리 오라 손짓한다'와 같은 표현들은 산이나 파도를 사람처럼 표현한 의인법이라 할 수 있다. 의인법은 초등학생들이 좋아하는 표현 방법이다. 사람은 누구나 어렸을 때 모든 사물이 생명을 갖고 있고 살아 움직인다는 '물활론적 사고'를 가진다. 초등학생들은 아직 물활론적 사고를 가지고 있기 때문에 의인법을 거부감 없이 잘 받아들이고 좋아한다.

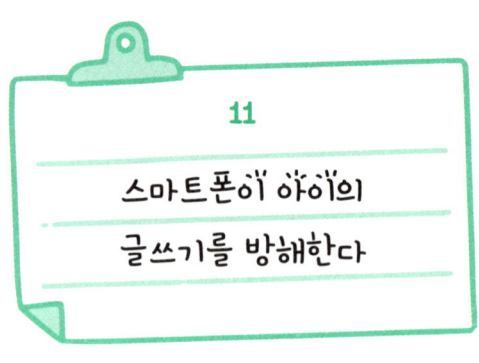

글쓰기는 고도의 고등 정신활동이다. 때문에 글쓰기는 에너지가 정말 많이 필요한 활동이다. 필자는 등산을 좋아한다. 등산은 1시간에 500kcal 이상을 소모할 정도로 운동량이 결코 적지 않은 운동에 속한다. 하지만 필자는 글쓰기 에너지 소모량이 등산보다 더 높게 느껴진다. 산에 오르는 것보다 집중해서 글을 쓰는 것이 훨씬 진이 더 빠지고 힘이 든다.

이렇게 많은 에너지가 필요한 글쓰기를 뇌가 좋아할 리 없다. 우리 뇌는 가급적 쉬고 싶어 하고, 편한 활동을 원해서 에너지를 덜 쓰려고 한다. 아이들이 스마트폰을 좋아하는 이유가 여기에 있다. 스마트폰은 뇌의 입장에서 보면 에너지가 적게 들어가는 활동이다. 때문에 뇌는 스마트폰에 계속 몰두하게 만든다. 하지만 스마트폰에 익숙해지면 글쓰기는 점점 싫어지게 된다. 스마트폰과 글쓰기는 거의 상극이라 할 수 있다.

스마트폰은 우리 뇌 가운데 시각을 담당하는 후두엽만 자극하고 발달하게 만든다. 언어기능을 담당하는 측두엽이나 감정이나 사고력을 담당하는 전두엽은 퇴화시킨다. 스마트폰에 장시간 노출되면 측두엽이나 전두엽의 시냅스들은 자꾸 가지치기되고 제거되는, 일명 '시냅스 가지치기'가 진행된다. 결과적으로 언어 능력이나 사고력은 떨어지고 본능에 충실한 파충류 뇌에 가까워진다. 인간의 뇌를 가지고 있어도 글을 쓰기 힘든데 파충류 뇌를 가지고 글을 쓸 수 있을까?

뇌의 특정 부위만 자극하는 스마트폰에 장시간 노출되면 우리 뇌는 전뇌적인 활동을 못하는 바보 뇌가 된다. 좌뇌와 우뇌를 동시에 사용하는 전뇌적인 활동의 가장 대표적인 것이 바로 글쓰기이다. 읽기는 언어뇌로 알려진 좌뇌를 통해 어휘와 문장 등을 1차적으로 이해하고 해석한다. 이런 좌뇌 활동을 기반으로 우뇌가 공감력과 상상력을 발휘하여 최종적으로 글을 완성한다. 하지만 쓰기는 이와 반대라 할 수 있다. 내가 쓰고자 하는 주제와 같이 큰 그림을 먼저 우뇌가 그린다. 그리고 이 우뇌 활동을 바탕으로 좌뇌가 필요한 어휘나 문장들을 구성해서 글을 완성해간다. 읽기나 쓰기의 과정은 서로 반대지만 전뇌적인 활동의 대명사라고 할 수 있다. 이런 활동은 오랫동안 훈련 받아야 잘할 수 있고, 에너지가 많이 소모되는 활동이다.

아이의 뇌를 보호하고 글쓰기를 잘하게 하기 위해서는 스마트폰을 가급적 멀리하는 것이 좋다. 특히 아이의 스마트폰이 게임기가 되어 있는 경우는 더욱 철저하게 관리해줄 필요가 있다. 게임 중독은 이미 세계보건기구(WHO)에서도 '게임장애'로 규정해 국제질병분류에 포함시켰다. 게임 중독을 치료받아야 할 질병이라고 본 것이다. 이유야 어쨌든 아이가 스마트폰을 너무 무절제하게 사용하거나 장시간 사용한다면 진지한 고민이 필요하다. 스마트폰의 이용 장소와 시간을 정해준다든지, 게임의 횟수나 시간을 정한다든지, 가족끼리 스마트폰 이용 약속 정하기 등이 꼭 필요하다.

스마트폰은 아이로 하여금 글쓰기를 싫어하게 만들지만, 운동이나 명상, 적절한 수면, 새로운 경험 등은 아이의 전두엽을 자극해서 글쓰기를 좋아하게 만든다. 이런 활동은 아이의 집중력을 높이고 새로운 시냅스가 형성되게 만드는 데 많은 도움을 준다. 이런 활동을 권장하고 하루에 한 줄이라도 글을 써보게 한다면 아이의 뇌에 바람직한 변화를 가져올 수 있다.

스마트폰에 의해 뇌가 망가지기도 하지만 글쓰기를 통해 뇌가 새롭게 바뀔 수도 있다. '뇌의 가소성' 때문이다. 뇌의 가소성이란 뇌는 경험에 의해 얼마든지 변화할 수 있는 것을 말한다. 마치 플라스틱처럼 얼마든지 변형이 가능하다는 말이다. 글을 안 쓰던 사람이 글을 쓰면 처음에는 무척 힘들다. 글 쓰는 것은 물론이고, 의자에 앉아 있기도 고역이다. 하지만 그 고통의 시간이 지나면 조금씩 적응이 되어서 글을 쓰는 것이 점점 익숙해지고 쉬워지기 시작한다. 뇌가 변해가고 있다는 증거이다. 어느 시점에 이르면 뇌는 마침내 글을 쓰는 데 자동화가 되어 글을 쓰는 것이 별로 힘들지 않게 된다. 뇌의 가소성 측면에서 하루에 한 줄이라도 글을 쓰면 조금씩 글쓰기 쉬운 뇌로 바뀔 수 있다.

어른의 시선부터 바꿔야 한다

가끔 일선 학교 현장에서 반 아이들에게 글쓰기 지도를 하고 그 결과물을 문집으로 만든 것을 보게 된다. 문집에 실린 많은 글들을 보면서 감탄이 절로 나오기도 한다. 아이들의 때 묻지 않은 순수함이 살아 있으면서도 그것을 문학적으로 잘 승화시킨 작품들이 많기 때문이다. '어떻게 지도하면 이런 작품들이 나올 수 있을까?' 하는 부러움이 앞선다. 그러면서 글쓰기를 가르치는 사람이 얼마나 중요한지를 새삼 깨닫게 된다.

 아이들 글쓰기를 가르치는 어른들의 문제로 여러 가지가 있겠지만 두 가지 정도를 언급하고 싶다. '글쓰기 지도 실력'과 '포용성' 문제이다. 먼저 가르치는 사람들의 글쓰기 지도 실력을 말하지 않을 수 없다. 글쓰기가 어려운 성인들이 많다. 그럼 아이들을 가르치는 교사들이라고 다를까? 그렇지 않다. 교사들도 별반 다르지 않다. 가정통신문 한 장 작성하는데 한 시간 이상을 끙끙거리는 교사들도 흔하게 볼 수 있다. 문제는 이런 교사들이 아이들의 글쓰기를 제대로 가르칠 수 있을까 하는 점이다.

글을 써보지도 않은 교사가 아이들에게 제대로 된 글쓰기를 가르칠 수 있을까? 이런 교사에게 글쓰기를 배우는 아이들은 글의 중요성, 무슨 글을 어떻게 써야 하는지와 같은 글쓰기 첫 단추부터 잘못 꿸 가능성이 높다.

가르치는 사람들의 포용성 문제도 아이들의 글쓰기를 망치는 이유 중 하나이다. 앞부분에서도 강조한 내용이지만 글의 생명은 정직성에서 나온다. 솔직하게 써야 글에 힘이 실리는 법이다. 그런데 정직하게 쓰는 것을 가로막는 것은 다름 아닌 교사나 부모와 같은 가르치는 사람들이다.

아이들의 글을 읽다 보면 집안 이야기가 고스란히 나오곤 한다. 엄마와 아빠가 싸운 이야기부터 집에서 키우는 반려견 이야기까지 아주 다양하다. 이런 다양한 이야기 속에서 여지없이 드러나는 것은 아이들의 거침없음과 순수함이다. 표현이 순수하고 정직하다.

문제는 이런 순수한 아이들의 글을 보는 어른들의 태도이다. 과연 정직하고 순수하게 잘 썼다고 칭찬을 할까? 아마 부끄럽다면서 쓴 일기를 찢어내지 않으면 다행이다. 이런 경험을 한두 번 하다 보면 아이들은 '글은 솔직하게 쓰면 안 되는구나'라는 사실을 깨닫게 된다.

글쓰기를 가르치는 사람들이 꼭 기억해야 할 사실 한 가지가 있다. 아이들의 생김새나 기질이 모두 다르듯 아이들마다 글도 모두 다르다는 사실이다. 굉장히 평범한 사실 같지만 이것을 무시하고 글쓰기 지도를 하는 사람들이 있다. 아이들의 기질이나 언어능력에 따라 쓰고 싶어 하는 분야도 다르고 잘 쓰는 분야도 다르다. 관찰한 것을 잘 쓰는 아이가 있는가 하면 감상과 느낌을 잘 쓰는 아이가 있다. 상상한 것을 이야기처럼 잘 쓰는 아이가 있는가 하면 자세히 설명하는 것을 잘 쓰는 아이가 있다. 사건이나 느낌을 촘촘하게 쓰는 아이가 있는가 하면 성글게 쓰는 아이도 있다.

똑같이 생긴 아이가 없듯이 글도 기질, 성격, 성별, 감수성, 지역 등등 헤아릴 수 없이 많은 요인에 의해 글의 결이 완전히 달라진다. 그럼에도 불구하고 '좋은 글이란 이런 글'이라는 규격화된 사고방식을 가지고 글쓰기를 지도한다면 어떻게 될까? 이건 마치 모두 다르게 생긴 얼굴을 수술해서 모두 똑같은 얼굴로 만들겠다고 덤비는 것이나 다를 바 없다. 사람은 누구나 타고난 기질이나 생김새가 있듯이 누구나 타고난 글결이 있다. 그 결을 잘 살려주는 사람이 훌륭한 글쓰기 스승이라 할 수 있다.

글쓰기, 칭찬 경험이 중요하다

초등학교에서 아이들을 가르치다 보면 교사를 깜짝 놀라게 하는 결과물들을 볼 때가 있다. 하지만 글쓰기에서만큼은 이런 아이들을 정말 보기 어렵다. 저학년은 말할 것도 없고 3, 4학년 중학년 아이들에게 글쓰기를 시킨 후 결과물 또한 마찬가지다. 칭찬해주고 싶어도 칭찬해줄 작품이 그렇게 많지 않다. 하지만 이것은 아이들 발달 단계상으로 볼 때 당연하다. 이 시기의 아이들은 아직 논리적 글쓰기가 안 되기 때문이다. 어른의 시선으로 보면 잘 쓴 글이 눈에 띄기 어렵다.

현실이 이렇다 보니 아이들 중에 글쓰기로 칭찬을 받아본 경험이 있는 아이들은 거의 손에 꼽을 정도이다. 특별히 글을 좀 쓸 줄 아는 교사나 부모는 조심해야 한다. 또한 글쓰기 지도에 자신이 있는 교사나 부모라면 더욱 조심해야 한다. 아이들 글쓰기 작품에 대해 함부로 폄하하거나 훼손해선 안 된다.

초등학교 아이들은 글쓰기를 이제 막 시작한 아이들이거나 겨우 몇 년 마지못해 글을 끼적거리고 있는 아이들이 대부분이다. 6학년이 글을 쓴다 해도 마찬가지이다. 초등학생들에게 글쓰기에서 필요한 것은 혹평이나 비평이 아니라 칭찬과 격려라는 사실을 꼭 머리에 새기고 접근해야 한다.

글을 잘 쓰는 아이들은 말할 것도 없고 글을 못 쓰는 아이들도 칭찬에 굶주려 있다. 아이가 조금이라도 마음에 드는 일기라도 한 편 쓸 때 다음과 같은 칭찬 한 마디 해주면 아이는 신이 나서 일기를 또 쓰고 싶다고 말할지도 모른다.

"너는 어쩜 그렇게 재미있게 잘 쓰니?"
"누굴 닮아 이렇게 글을 잘 쓰니?"

'칭찬은 바보도 쓸모 있게 만든다'라고 했다. 글쓰기는 결국 자신감이다. 자신감이 있어야 글을 잘 쓸 수 있다. 칭찬은 자신감을 올려주는 약과 같다. 칭찬은 아이가 글쓰기를 좋아하게 만들 수 있는 가장 확실한 방법 중 하나이다.

3장

매일 한 문장, 초등 자기주도 글쓰기

: 간단하고 쉽게 글쓰기 자신감을 채우는 법

헬스클럽에 가서 러닝머신 위에서 뛰고 식이조절을 하며 전문 트레이너에게 도움을 받으면 자신이 꿈꾸던 멋진 근육질을 만들 수 있다. 하지만 일시적으로 만들어진 멋진 근육을 유지하기 위해 얼마나 많은 시간과 돈을 들여야 하는 것일까? 그리고 이렇게 만들어진 근육이 진정 내 것이라 할 수 있을까? 헬스클럽을 나가지 않고 식이요법을 멈추는 순간, 몸은 급속하게 이전 상태로 돌아가고 만다. 일상의 노동과 생활을 통해 얻어진 생활 근육이 진짜 내 것이고 건강에 도움이 될 수 있으며 지속될 수 있는 것이다.

글쓰기는 생활 근육처럼 길러야 한다. 글쓰기가 특별한 훈련을 받아서 일시적으로 키울 수 있는 것인지 잘 모르겠으나, 이렇게 길러진 글쓰기 능력은 유지하기도 어렵고 내 것이 되기도 어렵다. 글쓰기가 밥 먹는 것처럼 자연스럽게 느껴져서 때가 되면 밥 먹듯이 때가 되면 쓰고 싶어져야 한다. 숨 쉬는 것처럼 자연스럽고 어렵지 않게 느껴져야 한다.

이런 식의 접근이 가능하려면 일상생활 속에서 아주 간단하고 쉽게 접근할 수 있어야 한다. 일상생활 속에서 간단하고 소소하게 글쓰기를 체험시키는 것이 중요하다. 이러한 글쓰기는 아이가 부담을 느끼지 않으면서, 글쓰기에 대한 자신감을 가지게 할 수 있고 무엇보다 글쓰기의 재미를 느끼게 할 수도 있다.

이 장에서는 글쓰기에 도전해보겠다는 마음만 있다면 쉽게 할 수 있는 활동들을 소개한다. 매일 한 문장이라도 써봐야겠다는 마음이 있다면 쉽게 도전할 만한 활동들이다. 가장 적용이 쉬울 것 같고 꾸준하게 할 수 있는 것을 한두 가지라도 정해서 실천해보길 권한다. 가랑비에 옷 젖듯이 아이가 글쓰기와 친숙해질 수 있는 계기가 되어줄 것이다.

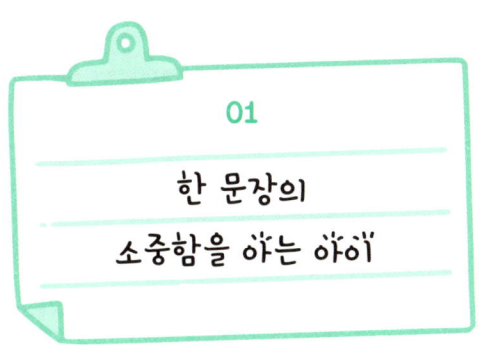

01 한 문장의 소중함을 아는 아이

 글쓰기는 분량보다 한 문장이라도 제대로 쓰는 것이 먼저라고 생각한다. 많은 분량을 쓰는 것은 생각이 자라고 필력이 생기면 자연스럽게 얼마든지 길게 쓸 수 있다. 하지만 제대로 쓰는 것은 다르다. 아무리 많은 내용을 쓴다고 하더라도 제대로 쓰지 않으면 자기만족은 될망정 다른 사람들이 읽고 공감해주는 글은 될 수 없다.
 초등학교 때는 글쓰기가 처음 시작되고 기초를 닦는 단계이다. 때문에 글의 기교를 부리고 수려한 글을 쓰는 것보다는, 글쓰기에서 무엇이 기본이고 중요한지를 알고 그것을 지속적으로 훈련하여 기초를 단단하게 하는 것이 필요하다. 글쓰기에서 가장 기본이 되면서 중요한 것은 무엇일까? '문장'이라 생각한다. 글이란 결국 문장들이 떼를 이루어 만들어진 결과물이다. 좋은 문장들이 모이면 좋은 글이 되기 마련이다. 하지만 문장이 엉성하고 말이 안 되고 어법에도 맞지 않는다면 이런 글은 보나마나 읽을 가치도 없는 글이 되는 것이다.

'한 문장의 힘', '한 문장의 소중함', '한 문장의 고뇌'를 아는 초등생이라면, 이 아이는 글쓰기를 누구보다 잘 배웠다고 생각한다. 문장의 가치를 알면 글을 함부로 쓰지 않게 된다. 문장의 소중함을 알면 소중한 문장을 만들기 위해 끊임없이 고민하게 되어 있다.

한 문장의 소중함을 모르는 아이는 아무 문장이나 되는 대로 글을 쓰게 되어 있다. 하지만 한 문장의 소중함을 알고 경험한 아이는 문장을 쓸 때 신중할 수밖에 없고 책임 있는 글을 쓸 수 있다. 이것은 마치 인생의 소중함을 아는 사람이 하루의 가치를 알고 후회 없이 살기 위해 매 순간 최선을 다하는 것과 흡사하다. 한 문장의 소중함을 아는 아이는 말하지 않아도 문장에 쓰인 단어 하나, 문장 부호, 표현의 적절성, 토시 하나에도 신경을 쓰며 글을 쓰기 마련이다.

글을 처음 쓰기 시작하는 초등생들에게 자기만의 문장관을 갖기를 강요하는 것은 무리이다. 문장관은 각자의 인생관만큼 다양하고 어느 것이 더 좋고 나쁨을 가늠하기 어렵다. 다만 문장을 쓸 때 '정성'과 '최선'을 다해 써야 하는 자세만큼은, 꼭 갖고 글쓰기를 시작해야 한다는 것이다. 그리고 쓸수록 한 문장에 대한 소중함과 중요함을 더 깨우쳐 가는 것이야말로, 글쓰기를 제대로 배워가는 것이라 말하고 싶다.

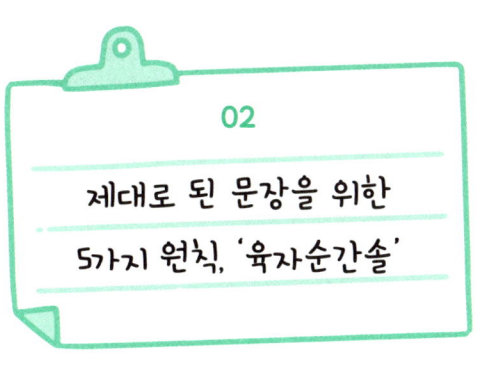

02 제대로 된 문장을 위한 5가지 원칙, '육자순간솔'

좋은 글은 좋은 문장이 모여 만들어지기 때문에 어떤 문장이 좋은 문장인지를 알아야 하고, 좋은 문장을 쓰기 위해서는 어떻게 해야 하는지를 알아야 한다. 하지만 안타깝게도 현실의 아이들은 어떤 문장이 좋은 문장인지를 잘 모르고 제대로 배우지도 못하고 있다. 이런 상황에서 좋은 문장을 구사해서 좋은 글을 쓰기를 바라는 것은 우물가에서 숭늉을 찾는 격이다.

학교 현장에서 많은 아이들의 글을 보고 글쓰기를 지도하면서 아이들이 가장 어려워하고 잘 안 되는 것, 다섯 가지를 꼽아보았다. 일명 '육자순간솔' 원칙이다. '육자순간솔' 원칙은 '육하원칙에 맞게 쓰기', '자세하게 쓰기', '순서대로 쓰기', '간결하게 쓰기', '솔직하게 쓰기'를 말한다. 필자가 볼 때 초등학생이 문장을 쓸 때 이 다섯 가지 정도만 생각하면서 쓸 수 있다면, 수준 높은 글을 쓸 수 있을 거라 생각한다. 내 아이의 글이 영 마음에 들지 않는다고 한다면, 아마 이 다섯 가지 중 한두 가지가 잘 안 되기 때문일 확률이 매우 높다.

육 : 육하원칙이 잘 드러나게 쓴다

아이가 쓴 글을 보면서 뭘 썼는지 잘 모르겠다는 느낌이 들면 육하원칙이 드러나게 썼는지 살펴보면 된다. 좋은 문장의 기본은 '누가, 언제, 어디서, 무엇을, 어떻게, 왜'라고 하는 육하원칙이 또렷이 나타나게 쓰는 것이다.

제목 : 친구네 집

나는 친구 집에 놀러갔다. 근데 재미가 하나도 없었다. 다음부터는 재미있게 놀고 싶다.

2학년 아이가 쓴 일기이다. 이 일기를 읽으면 뭘 말하고 싶은지 답답하고 아이 말대로 재미가 하나도 없다. 왜 그럴까? 육하원칙을 무시한 글을 썼기 때문이다. 육하원칙 중에 언제, 무엇을, 어떻게, 왜 등이 빠졌다. 육하원칙을 무시한 글쓰기를 하니 무슨 말인지도 모르겠고 글이 재미없고 읽는 사람 입장에서 답답하기만 하다. 다음과 같이 육하원칙이 드러나게 쓰면 좀 달라질 수 있을 것이다.

> 제목 : 친구네 집
>
> 나는 어제 오후에 친구 OO네 집에 놀러갔다. 친구와 카드놀이를 했다. 근데 내가 운이 없는지 모두 졌다. 재미가 하나도 없었다. 다음부터는 재미있게 놀고 싶다.

'언제, 무엇을, 어떻게, 왜' 등을 나타내는 문장이 추가되니 글이 한결 더 완성된 느낌이 들고 비로소 줄거리가 있는 이야기처럼 읽힌다. 이처럼 육하원칙이 드러나게 글을 쓰느냐 아니냐에 따라 글이 굉장히 달라진다. 아이가 쓴 일기가 도대체 뭘 썼는지 모르겠다면 육하원칙이 드러나게 썼는지부터 확인해보라. 아마 육하원칙을 무시하고 썼다는 것을 금세 알 수 있을 것이다.

문장에 육하원칙이 잘 드러나게 쓰면, 글이 구체적이고 어떤 일이 어떻게 일어났는지를 정확하게 알 수 있다. 하지만 육하원칙이 드러나지 않으면 두루뭉술한 표현이 많아지고 글을 읽어도 무슨 일이 있었는지 알 수가 없고 뒤죽박죽된 느낌을 받게 된다.

육하원칙이 잘 드러나지 않은 문장	육하원칙이 잘 드러난 문장
오늘 친구와 싸웠다.	점심시간에 운동장에서 친구 OO와 장난을 치다가 말다툼을 했다.
수업시간에 선생님께 혼났다.	2교시 국어 시간에 짝꿍 OO와 잡담을 하다가 선생님께 혼났다.

버스를 타고 학원에 갔다.	집 앞 버스 정류장에서 102번 버스를 타고 영어학원에 갔다.
숙제를 하고 갔다.	학교 숙제인 일기 쓰기와 영어 학원 숙제인 단어 20개 외우기를 하고 갔다.

평소 한 문장을 쓰더라도 육하원칙이 잘 드러나는 문장을 쓰려고 노력해야 한다. 문제는 저학년들은 육하원칙이 무엇인지도 모르는 경우가 대부분이고, 고학년이라도 육하원칙 중에 두세 가지를 빼먹고 쓰는 경우가 허다하다는 것이다. 습관이 붙고 익숙할 때까지는 일기 등을 쓰기 전에 먼저 글과 관련된 사건의 육하원칙을 써보게 하고, 글을 쓴 다음에는 육하원칙을 실제로 썼는지 한 가지씩 확인하게 해보면 좋다. 이렇게 몇 번 하다 보면 글을 쓸 때 육하원칙에 신경을 쓰고 빼먹지 않게 된다. 육하원칙만 잘 드러나게 써도 뭘 썼는지 잘 모르겠는 글은 면할 수 있다.

자 : 자세하게 쓴다

아이의 글을 읽으면서 재미가 없다고 느껴진다면 자세히 쓰지 않아서일 확률이 매우 높다. 많은 아이들이 일기장 한 바닥을 넘게 쓰는 것은 마라톤 선수가 두 시간대를 돌파하는 것만큼이나 마의 벽처럼 느껴지곤 한다. 아이들이 가장 어려워하는 것 중에 하나가 글을 자세히 쓰는 것이다. 아이들은 왜 이렇게 글을 길게 쓰는 것을 어려워하는 것일까? 생각이 짧아서일 수도 있고, 글을 자세히 쓰는 요령을 몰라서일 수도 있다. 글을 자세히 쓰는 요령만 터득하면 분량은 더 이상 글쓰기의 장애물이 될 수 없다.

글을 자세히 쓰기 위해서는 오감(五感)을 잘 활용하면 된다. 아이들은 주로 한 일만을 적는 경향이 있다. 하지만 오감을 활용하면 보고, 듣고, 말하고, 느끼고, 생각한 것을 적을 수 있다. 긴 글을 못 쓰는 아이들 대부분은 본 것이나 듣거나 말한 것을 쓰지 않는다. 하지만 이런 것을 한 가지씩만 적어도 글을 자세하게 쓸 수 있고 풍성한 글을 쓸 수 있다.

제목 : 친구네 집

나는 어제 오후에 친구 OO네 집에 놀러갔다. 친구와 카드놀이를 했다. 근데 내가 재수가 없는지 모두 졌다. 재미가 하나도 없었다. 다음부터는 재미있게 놀고 싶다.

앞서 예를 든 이 일기는 자신이 한 일과 느낌만 적었다. 이 일기에 본 일과 듣고 말한 일을 추가해보겠다.

제목 : 친구네 집

나는 어제 오후에 친구 OO네 집에 놀러갔다. 친구 집은 우리 집보다 넓고 깨

끗해 보였다.(본 일)

"OOO야, 우리 카드놀이할래?"(들은 일)

"그래, 재미있겠다."(말한 일)

친구와 카드놀이를 했다. 근데 내가 재수가 없는지 모두 졌다. 재미가 하나도 없었다. 그만하고 빨리 집에 가고 싶었다.(느낀 일)

"나 그만하고 집에 갈래."(말한 일)

OO네 엄마가 손을 흔들며 잘 가라고 했다.(본 일) **다음부터는 재미있게 놀고 싶다.**

본 일, 들은 일, 말한 일, 느낀 일 등을 적은 문장을 적절한 곳에 추가하니 어느새 일기장 한 바닥을 훌쩍 넘어가는 근사한 일기가 완성되었다. 글을 길게 쓰지 못하는 아이라면 그 일을 겪으면서 보고, 듣고, 말하고, 느끼고, 생각한 것을 한 가지씩만이라도 적을 수 있게 도와주는 편이 좋다. 글이 획기적으로 길어지면서도, 재미있는 글을 쓸 수 있다.

순 : 순서대로 쓴다

아이가 쓴 글을 보면서 뒤죽박죽인 느낌이 드는 경우, 십중팔구 일이 일어난 순서대로 쓰지 않았기 때문이다. 어른들은 일이 일어난 순서대로 쓰는 것이 크게 어렵지 않지만 아이들에게는 정말 쉽지 않다.

과거를 회상하는 장면같이 특별한 구조가 아니라면 일이 일어난 순서대로 글을 쓰는 것이 좋다. 그래야 글이 헷갈리지 않고 앞뒤가 뒤죽박죽 섞이는 것을 막을 수 있다. 매우 기본적인 것이라 생각되지만 그렇지 않다. 저학년들은 물론이고 3, 4학년들도 일어난 순서대로 글을 못 쓰는 경우가 허다하다. 이런 아이들 글은 읽어도 무슨 말을 썼는지 알 수가 없다.

제목 : 아빠의 심부름

오늘 아침 아빠께서 나에게 부탁이 하나 있다고 말씀하셨다. 그 부탁은 바로 아빠의 양말 빨래를 널어달라는 것이었다. 나는 알겠다고 대답을 했다. 아빠께서 출근하시고 한 시간쯤 뒤에 세탁기에서 알람이 울렸다. 나는 아빠의 양말을 건조대에 널었다.

오후가 되자 아빠의 양말이 모두 말라서 나는 차곡차곡 개었다. 저녁 때가 되고 아빠께서 집에 들어오셨다. 아빠는 양말을 보시더니 잘했다고 칭찬해주셨다. 나는 아빠께 용돈을 주시면 안 되냐고 은근슬쩍 여쭈어보았다.

"얼마를 원하는데?"

"오천 원에서 만 원 정도요. 히히."

그러자 아빠께서 통 크게 만 원 지폐 한 장을 주셨다. 나는 너무나 기뻤다.

이 글은 3학년 아이가 쓴 글인데 글이 술술 잘 읽힌다. 시간의 흐름에 따라 내용을 적었기 때문이다. 아침, 한 시간쯤 뒤, 오후, 저녁 때와 같은 시간의 흐름을 나타내는 말을 적절히 사용했다. 이 글처럼 일이 일어난 순서대로 쓸 수 있다는 것은 아이가 체계적 사고를 할 수 있다는 말과 같다. 체계적 사고는 어른들은 매우 쉽게 하지만 아이들에게는 어렵다. 아이가 일어난 순서대로 글을 쓰게 하려면 순서대로 글을 쓰는 것의 중요성을 말해줘야 한다. 무엇보다 글을 쓰기 전에 일이 일어난 순서대로 정리해보는 것이 좋다. 또한, 글을 쓰기 전에 글감을 정하고 글감이 되는 사건의 순서를 생각하고 간단하게 말하거나 써보게 하는 것이 좋다.

간 : 간결하게 쓴다

문장들이 모여 하나의 글을 이룬다. 때문에 어떤 문장들에 의해 써지느냐에 따라 글의 맛이 전혀 달라진다. 좋은 글을 쓰기 위해서는 좋은 문장으로 채워야 한다. 어떤 문장이 좋은 문장인가? 담백하고 간결한 문장이 좋은 문장이라 생각한다. 아이들 중에 글은 길게 쓰지 못하면서, 문장은 길게 쓰는 아이들이 있다. 문장은 가급적 간결한 문장으로 쓰는 것이 좋다.

제목 : 내가 좋아하는 음식

내가 좋아하는 음식은 아보카도, 밥, 떡볶이, 파스타, 짜장밥, 카레, 라면, 햄

버거, 치킨, 피자이고, 그 반대인 내가 싫어하는 음식은 우유, 요거트, 치즈, 딸기우유, 초코우유, 바나나 등등 아무튼 우유 들어간 거는 거의 안 먹어서 키가 안 크는 거다. 내가 가장 좋아하는 음식은 라면이고, 가장 싫어하는 음식은 우유이다.

이 글은 3학년 아이가 쓴 일기이다. 내용은 짧지 않은데 단 두 문장으로 썼다. 아이들 중에 이렇게 문장을 아주 장황하게 쓰는 아이들이 있다. 문장을 쓸 때는 가급적 간결하게 쓰는 습관을 들이는 것이 좋다.

문장은 크게 단문, 중문, 복문으로 나뉜다. 주어와 술어가 하나씩만 있는 것이 단문이다. 이런 단문이 쉼표나 접속사로 연결되어 두 개 또는 그 이상으로 연결된 문장을 중문이라 한다. 복문은 중문과 같이 두 개의 단문이 이어진 것은 같지만 앞 문장이 뒤 문장을 포함하고 있는 문장이다.

문장의 종류	의미	예시
단문	하나의 주어와 술어로 구성되어 독립된 문장	나는 지쳤다.
중문	두 개 이상의 단문이 접속사나 쉼표 등으로 연결된 문장	나는 지쳤고, 잠을 자러 갔다.
복문	하나의 독립절과 하나 이상이 포함된 종속절로 이루어진 문장	나는 지쳤기 때문에 잠을 자러 갔다.

단문으로 쓰면 유치하다고 생각하는 사람들이 있다. 하지만 단문은 긴 문장이 갖지 못하는 함의*를 갖고 있다. 또한 담백하며 간결하고 단단한 느낌을 준다. 필자도 글을 쓰면서 가급적 문장을 짧게 쓰려고 하지만 쉽지 않다. 쓰다 보면 두 줄을 넘어가는 문장들이 나온다.

단문을 쓰는 것이 생각이 짧은 것으로 오해하는 사람들도 있다. 단문을 쓰는 것은 생각이 간결한 것이지 생각이 짧은 것이 아니다. 어른들이 아이들에게 흔하게 하는 잔소리 '길게 좀 써라'는 말은 글을 길게 써야 하는 것이지 문장을 길게 쓰라는 말은 아니다. 그런데 아이들은 이 말을 '문장 좀 길게 써라'로 듣는 듯하다.

생각이 자라고 아는 게 많아지면 글은 자연스럽게 길게 쓸 수 있고, 문장도 늘여서 쓸 수 있다. 하지만 글을 간결하게 쓰는 것은 글을 쓰기 시작하는 단계부터 습관을 들이지 않으면 안 된다. 문장을 길게 써버릇하면 자신의 글결이 그렇게 굳어져버린다. 나중에는 고치고 싶어도 잘 고치지 못한다.

솔 : 솔직하게 쓴다

앞서 좋은 문장은 육하원칙이 잘 드러나게 써야 한다고 강조했다. 하지만 육하원칙이 잘 드러났다고 좋은 문장이 되는 것은 아니다. 육하

---

* 말이나 글 속에 어떠한 뜻이 들어 있음. 또는 그 뜻.

원칙만 잘 드러나게 쓰면 신문 기사문과 다를 바 없다. 우리가 많이 쓰는 서사 문장과 신문 기사와 다른 점은 글쓴이의 느낌이나 감정이 들어간다는 점이다. 글쓴이의 느낌과 감정 또는 생각 등이 생생하게 잘 드러나게 쓴 서사 문장이 좋은 문장이 되는 것이다.

느낌과 감정 등을 잘 드러나게 쓰는 것도 중요하지만, 이보다 더 중요한 것은 솔직하게 적는 것이다. 솔직하게 적어야 감동을 줄 수 있다. 아이가 쓴 글에 대해 지적하고 평가하면 아이는 솔직한 글을 쓰지 않는다. 글을 솔직하게 쓰지 못하는 것은 글쓰기의 기쁨과 유익을 통째로 도둑질당하는 것이나 다름없다. 아이의 글쓰기가 아이 인생 가운데 정말 큰 이로움으로 자리 잡게 만들고 싶다면, 때때마다 솔직하게 쓰는 글의 중요성을 언급하고 그런 글을 칭찬해줘야 한다.

서사문 쓰기가 원활하게 된 다음에 다른 글로 확장해가야 한다. 만약 서사문도 잘 못 쓰는 아이가 감상문을 쓴다면 어떻게 될까? 두서가 없고 구조적 허술함을 느끼게 하는 글이 될 것이다. 또한 지나치게 감상적인 글쓰기로 흐를 수 있다. 이런 글은 감동을 주기 어렵다.

글을 집짓기에 빗대자면 서사문은 집의 골격에 빗댈 수 있을 것이다. 아무리 멋진 집이라도 기초도 다지지 않고 기둥도 세우지 않고 집을 지을 수는 없듯이 글도 서사문이 골격을 잡아줘야 한다. 자신이 원하는 모양으로 다양하게 꾸미는 것은 그다음에 할 일이다.

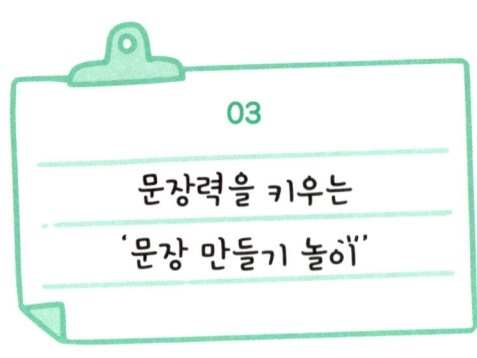

03 문장력을 키우는 '문장 만들기 놀이'

표준국어대사전에 실린 우리말의 낱말 개수는 약 50만 개 정도라고 한다. 그러면 50만 개의 낱말을 가지고 만들 수 있는 문장의 개수는 몇 개나 될까? 무한대라고 할 수 있다. 낱말은 한계가 있지만 문장은 한계가 없는 것이다.

글을 쓰기 시작하는 아이들에게 문장은 어떻게 만들어지는지와 문장의 다양성에 대해 제대로 인식시켜줄 필요가 있다. 또한 미세한 차이에 의해 전혀 다른 뜻의 문장들이 얼마든지 만들어질 수 있다는 것도 알아야 한다. 무엇보다 문장이 만들어지는 과정의 기쁨과 성취감을 통해 문장에 대한 관심을 높이고 중요성을 깨달아야 한다. 이런 것들을 만족시켜주는 활동이 있는데 바로 '문장 만들기 놀이'이다.

'문장 만들기 놀이'는 주어진 몇 개의 낱말을 가지고 문장을 만들어보는 놀이라 할 수 있다. 예를 들어 '엄마, 사과, 방'이라는 서로 연관 없는 세 단어로 문장을 만든다고 가정해보자. 다음과 같은 문장들을 만들 수 있을 것이다.

- 엄마가 사과를 들고 방에 가셨다.
- 방에 있는 사과를 엄마가 드셨다.
- 엄마 방에 사과가 있다.
- 엄마가 방에 굴러다니는 사과를 치웠다.
- 방에 갔는데 엄마 냄새가 아니라 사과 냄새가 났다.

이처럼 주어진 세 개의 단어로 얼마든지 다양한 문장을 만들 수 있다. 아이에게 '10분 동안 많은 문장 만들기'와 같이 시간제한을 주는 것도 좋고, '문장 10개 만들기'처럼 목표량을 할당하는 방법을 쓸 수도 있다. 아이가 덜 부담을 가지는 방법을 활용하면 된다.

문장 만들기 놀이에서 주어지는 단어의 개수는 처음에는 2개부터 시작해서 단어의 개수를 차츰 늘려가는 것이 바람직하다. 단어의 개수가 늘어나면 문장 만들기가 점점 어려워진다. 단어는 처음에는 명사만 제시하다가 점점 형용사, 부사, 동사 등도 추가하면 좋다. 단어에 붙는 조사는 문장에 맞게 얼마든지 붙일 수 있게 하면 된다. 예를 들어 '엄마, 사과, 방, 사각사각, 먹다'라는 5개 단어로 문장을 만든다고 하면 다음과 같은 문장을 만들 수 있다.

- 방에서 사각사각 소리가 나서 문을 열어보니 엄마가 사과를 먹고 있었다.
- 엄마가 사과 먹는 사각사각 소리가 방까지 들린다.

문장 만들기 공책을 따로 만들어놓고 일기 쓰기 전에 문장 만들기 놀이를 잠깐 하고 일기를 쓰면 좋다. 문장 만들기 놀이를 통해 아이의 글쓰기 뇌가 활성화되어 글을 쓰기 쉬운 상태로 만들어주기 때문이다. 주어지는 낱말은 부모가 매번 제시해줄 수도 있지만 아이가 임의로 정해서 해도 좋다. 또는 종이 카드를 100장 정도 만들어 낱말을 한 개씩 적어 통에 넣어두고, 문장 만들기를 할 때 서너 장씩 직접 뽑아서 하면 더 재미있다. 특히 저학년들은 이 방법이 좋다. 서너 장의 종이 카드를 늘어놓고 카드 위치를 바꿔가면서 문장을 만드는 것이 훨씬 더 구체적이고 직관적이기 때문에 문장 만들기가 쉬워진다.

아이가 이 활동을 좋아하고 잘하면 좀 더 높은 단계에 도전해볼 수 있다. 주어진 단어로 문장을 만드는 것이 아니라 하나의 이야기를 만드는 것이다. 예를 들어 '엄마, 사과, 방, 쥐, 자다, 피둥피둥'과 같은 단어로 다음과 같은 이야기를 만들 수 있을 것이다.

옛날에 사과를 좋아하는 엄마가 있었습니다. 이 엄마는 사과를 얼마나 좋아했는지 방에는 온통 사과로 꽉 채워져 있었습니다. 그런데 어느 날 쥐 한 마리가 그 방에 들어오게 되었습니다. 쥐는 매일 사과를 먹으면서 먹고 자고를 반복했습니다. 이윽고 한 달이 흘렀습니다. 쥐는 피둥피둥 살이 쪄서 마치 회색 사과처럼 변하고 말았습니다. 이를 어쩌죠?

물론 처음에는 이런 활동을 매우 어려워한다. 하지만 반복해서 몇 번 하다 보면 매우 재미있어 하는 아이들도 있다. 이런 놀이는 문장력은 말할 것도 없고 표현력이나 상상력, 창의력을 키워주는 데 큰 도움이 된다.

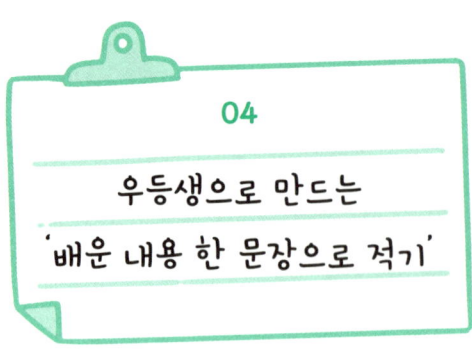

04 우등생으로 만드는 '배운 내용 한 문장으로 적기'

학부모들이 상담에 와서 가장 궁금해하는 것은 대부분 학교에서 친구들과 잘 지내는지, 수업 시간에 집중을 잘하는지와 관련된 것이다. 특히 친구 관계는 집에서도 누구와는 친하고 누구는 별로고 이런 이야기를 재잘거리며 잘 들려주곤 한다. 하지만 수업 시간에 어떤 내용을 배웠고 수업 태도는 어떤지에 대해서는 도통 알 길이 없다. 하지만 글쓰기를 활용하면 이런 문제가 말끔히 해결될 수 있다.

필자는 아이들이 수업 시간에 좀 더 집중하게 만들기 위해 '한 문장 쓰기'를 시키곤 한다. 수업 시간이 끝날 즈음에 그 시간에 배운 내용을 한 문장으로 쓰는 것이다. 아이들이 처음에는 매우 쉽게 생각한다. 하지만 나중에는 한 문장으로 배운 내용을 표현하는 것이 얼마나 어려운 것인지를 알게 된다. 두 문장이나 세 문장으로 쓰면 안 되냐고 하소연하는 친구들도 많다.

3학년 아이들에게 '배운 내용 한 문장으로 표현하기' 요령을 가르치고 시켰더니 한 여자아이가 다음과 같이 적었다.

9월 1일 목요일

1교시 국어 : 말할 때 표정, 몸짓, 말투의 중요성을 배웠다.

2교시 수학 : 921×7과 같은 곱셈의 계산 방법을 배웠다.

3교시 사회 : 자연환경과 인문환경의 뜻을 알게 되었다.

4교시 과학 : 동물을 특징에 따라 분류하는 것을 배웠다.

5교시 체육 : 친구들과 피구 놀이를 했다.

이 아이가 적은 것을 읽어보면 그 시간에 무엇을 배웠는지 금세 알 수 있다. 그리고 그 시간에 배운 것 중 가장 핵심을 잘 적었다. 만약 수업 시간에 집중을 하지 않는다면 이 아이처럼 그 시간에 배운 내용을 한 문장으로 표현할 수 없다. 아이의 수업 집중력은 자연스럽게 향상될 수밖에 없다. 이것을 꾸준히 몇 개월간 지속해보면, 아이의 학업 성취도가 눈에 띄게 달라지는 것을 발견할 수 있을 것이다. 내 아이에게 이것을 적용하고자 할 때 몇 가지 유의해야 할 사항이 있다.

먼저 그 시간에 배운 내용을 한 문장으로 표현하는 것은 결코 쉬운 일이 아니라는 사실이다. 이것은 마치 책을 한 권 읽고 한 문장으로 그 책을 표현하는 것과 비슷하다. 아이에게는 그 시간에 배운 내용 중에 가장 중요한 내용이나 선생님이 강조한 내용을 적으라고 하면 된다. 자신의 느낌이나 생각보다는 배운 학습내용 중에서 가장 중요한 내용을 적도록 하는 것이 좋다. 그래야 대충 얼버무릴 수 없고 한 문장을 적기 위해서라도 수업에 집중하게 된다.

배운 내용을 적을 때는 여러 문장보다는 한 문장으로 쓰게 하는 것이 좋다. 단 한 문장으로 적게 하면 아이 입장에서는 부담감이 적다. 아이가 배운 내용에 대해 좀 더 궁금한 점은 아이에게 질문을 통해 해결하면 된다. 배운 내용을 한 문장으로 적기 위해서는 자질구레한 것을 모두 쳐내고, 가장 핵심만 한 가지 남겨야 한다. 군더더기는 사라지고 핵심만 남게 되는 것이다. 글쓰기를 할 때 이 과정은 굉장히 중요하다. 어떤 내용을 쳐내고 어떤 내용을 살릴 것인가는 글 쓰는 모든 사람의 영원한 숙제이기도 하다.

문장을 쓸 때 좀 더 구체적인 서사 문장으로 쓰게 하는 것이 좋다. 한 문장으로 쓰는 만큼 그 문장에 읽는 사람이 궁금해할 만한 정보들을 담아서 쓰는 것이 좋다. 예를 들어 체육 시간에 있었던 '친구들과 피구 놀이를 했다'라는 표현보다는 '짝수와 홀수로 나누어 피구 놀이를 해서 홀수팀이 이겼다'라는 표현이 더 구체적이고 의미 있는 문장이라 할 수 있다.

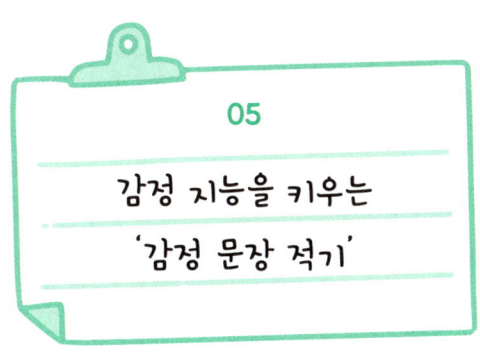

05
감정 지능을 키우는 '감정 문장 적기'

사람의 감정은 하루에도 수십 번씩 변하기 마련이다. 긍정적 감정이 들 때는 행복해지지만, 부정적 감정이 들 때는 내가 제일 불행한 사람같이 느껴지기도 한다. 감정과 행복은 떼려야 뗄 수 없는 관계이다. 행복한 삶을 꿈꾸는 사람은 자신의 감정을 잘 알고 다루어야 한다.

 우리 아이들은 자신의 감정을 잘 알고 다룰까? 어른들도 자신의 감정을 잘 모르고 잘 다루지 못하는데 아이들은 말할 것도 없다. 아이들은 자신에게 든 감정이 무슨 감정인지를 잘 이해하지 못하고 표현하지 못한다. 아이들에게 감정을 나타내는 단어를 써보라고 하면 10개 이상 적는 아이가 드물다. 하지만 우리 감정을 나타내는 단어는 우리가 느끼는 감정만큼이나 다양하게 분화되어 있다.

감사하다. 기쁘다. 슬프다. 신난다. 날아갈 듯하다. 속상하다. 억울하다. 우울하다. 답답하다. 따뜻하다. 걱정된다. 화난다. 좋다. 싫다. 못됐다. 기대된다. 뭉클하다. 감격스럽다. 경이롭다. 가슴이 터질 듯하다. 들뜬다. 다정하다. 마음이 끌린다. 마음이 쓰인다. 고양된다. 명랑하다. 뿌듯하다. 의기양양하다. 기운이 난다. 궁금하다. 매료된다. 심란하다. 고민된다. 성가시다. 비참하다. 고독하다. 상처받다. 가슴이 두근거리다. 겁난다. 두렵다. 허전하다. 식상하다. 거북하다. 넌더리난다. 뿌듯하다. 다행스럽다. 안도되다. 편안하다. 변덕스럽다. 느긋하다. 상쾌하다. 불안하다. 짜증난다. 창피하다. 괴롭다. 힘들다. 고통스럽다. 곤혹스럽다. 당혹스럽다. 난처하다. 샘난다. 안달하다. 간절하다. 부럽다. 막막하다. 공허하다. 불쌍하다. 눈물 난다. 느끼하다. 경멸스럽다.

이런 감정 단어를 글쓰기의 소재로 활용해서 얼마든지 글을 쓸 수 있다. 하루를 보낸 자신에게 남아 있는 감정은 자신이 그날 겪은 많은 일 중에서 가장 중요한 일일 가능성이 매우 높다. 자신이 중요하지도 않다고 생각하는 문제에 사람은 감정을 낭비하지 않는다. 때문에 아이가 일기에 쓸거리가 없다고 할 때 아이의 현재 감정을 물으면 된다. 그런 감정이 든 이유와 까닭을 말하게 하고 그 감정에 대한 해결방법을 함께 물어 다음과 같이 써보게 하면 좋다.

구분	예시 1	예시 2
오늘 나의 감정	나는 오늘 기쁘다.	나는 오늘 슬프다.
이유나 까닭	왜냐하면 수학 시험 100점을 받았기 때문이다.	왜냐하면 점심시간에 친구 OO와 싸웠기 때문이다.
해결 방법	엄마, 아빠가 칭찬을 많이 해주면 좋겠고 치킨을 사주시면 좋겠다.	아직 화해하지 못했는데 내일 친구에게 사과하고 다시 친하게 지내야겠다.

'감정 공책'을 따로 만들어 자신의 감정을 써나가면 더욱 좋다. 간단하게 날짜를 적고 나의 감정과 그 감정이 든 이유나 까닭을 적으면 된다. 덧붙여서 그 감정에 대한 해결 방법까지 적으면 금상첨화이다.

0월 0일

나는 오늘 기쁘다. 왜냐하면 수학 시험 100점을 받았기 때문이다. 엄마, 아빠가 칭찬을 많이 해주면 좋겠고 치킨을 사주시면 좋겠다.

자신의 감정을 적어보면 아이는 자신의 감정을 잘 이해하고 표현력이 좋아진다. 부모 또한 일기를 보며 아이의 감정을 잘 이해할 수 있게 된다. 그리고 이것을 글감으로 일기 한 편 쓰는 것도 뚝딱 해치울 수 있다. 감정에 살만 조금 붙이면 근사한 일기가 된다.

0월 0일

나는 오늘 정말 기쁘다. 기분이 날아갈 듯하다. 왜냐하면 수학 시험 100점을 받았기 때문이다. 4학년 들어 100점을 한 번도 받지 못해서 속상했었는데 드디어 100점을 받은 것이다.

엄마, 아빠가 칭찬을 많이 해주면 좋겠고 내가 가장 좋아하는 치킨을 사주시면 좋겠다. 100점 맞고 먹는 치킨 맛은 얼마나 꿀맛일까? 벌써부터 입에 침이 고인다. 다음 수학 시험에서도 꼭 100점을 받아야겠다.

감정을 다룰 줄 아는 사람은 비로소 인생을 다룰 수 있게 된다. 내 아이가 어려서부터 자신의 감정과 타인의 감정에 관심을 갖고 그 감정을 이해하고 바르게 해소하는 인생을 살기를 원하는가? 자신의 감정을 한 문장이라도 적어보게 하는 것이 좋은 방법이 될 수 있다. 따라오는 문장력은 덤이다.

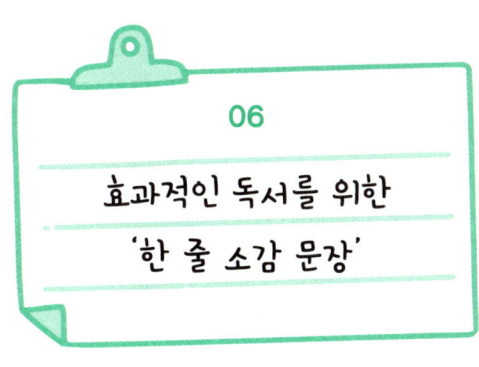

06 효과적인 독서를 위한 '한 줄 소감 문장'

초등학생들이 일상에서 글쓰기를 가장 거부감 없이 자연스럽게 접할 수 있는 경로는 바로 '책읽기'이다. 책을 읽으면 자연스럽게 생각이 떠오르고 느낌이나 소감 등이 생기기 마련이다. 이것들을 흘려 보내지 않고 조금만 신경 쓴다면 정말 좋은 글쓰기 소재가 될 수 있다.

책은 읽는 것도 중요하지만 다 읽고 그 책을 한번 곱씹어보면서 생각해보는 과정이 더없이 중요하다. 만약 책을 읽고 휘리릭 던져버린다면 마치 씹지 않고 급하게 음식을 먹는 것과 같다. 책의 효과를 제대로 얻을 수 없을 뿐만 아니라, 책 읽는 재미도 반감될 수밖에 없다. 풀을 먹는 소가 엄청난 힘을 낼 수 있는 이유는 되새김질을 통해 풀의 영양소를 모두 흡수하기 때문이다. 책을 되새김질하는 것과 같은 효과를 누릴 수 있는 것이 바로 '한 줄 소감' 쓰기이다.

책을 읽고 나서 아래와 같은 형식으로 한 줄 소감을 작성해보면 책에 대해 생각해볼 수 있는 기회가 되고 문장력도 향상시킬 수 있다.

순번	책 제목	지은이	읽은 날짜	부모님 확인
	소감			

[한 줄 소감 기록장 양식 예시]

소감을 적을 때 두루뭉술한 표현을 삼가고 서사 문장으로 정확히 써보게 하는 것이 중요하다. 예를 들어 『강아지똥』을 읽었다고 하면 다음과 같이 작성하는 것이 좋다.

두루뭉술한 한 줄 소감	구체적인 한 줄 소감
* 참 재미있었다. * 참새가 나빴다.	* 강아지가 똥을 싸는 장면이 재미있었고, 강아지 똥이 말한다는 사실이 신기했다. * 작한 강아지똥을 콕콕 쪼면서 못살게 구는 참새 가 참 나쁘다고 생각했다.

이렇게 한 줄 소감을 구체적으로 쓰는 것이 익숙해지면 독서 감상문을 쓰는 것도 아주 쉬워진다. 한 줄 소감 문장을 주제 삼아 살만 조금 더 붙이면 멋진 독서 감상문을 쓸 수 있다. 가끔 한 줄 소감에 쓰고

싶은 이야기가 많은 책이 등장하기도 한다. 이런 책은 독서 감상문을 한번 작성하면 딱 좋다.

　한 줄 소감문은 책을 읽고 독후감을 쓰라는 것도 아니고 한두 줄 정도 작성하는 것이기 때문에 아이 입장에서도 부담이 없다. 소감에는 중요한 내용이나 책을 읽으면서 들었던 자신의 생각과 느낌 혹은 새롭게 알거나 깨닫게 된 점을 적으면 좋다. 부모님은 매일 또는 1주일에 한두 번 확인을 해주면 좋다. 기록을 하다 쌓이면 나중에는 좋은 포트폴리오 자료가 될 수도 있고 아이는 큰 성취감을 느낄 수 있다.

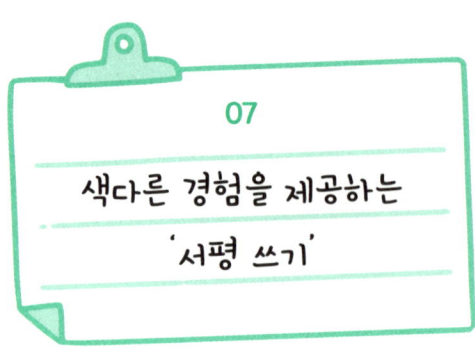

07
색다른 경험을 제공하는 '서평 쓰기'

아이가 읽은 책들 중에 유난히 애착을 가지고 반복해서 읽거나 좋아하는 책이 있다. 이런 책은 한 줄 소감 정도로 끝내는 것이 아쉽다. 이런 책들은 인터넷 서점에 들어가서 '서평 쓰기'의 기회를 열어주면 좋다.

요즘에 책을 구입하기 위해 서점을 직접 가는 사람보다는 대부분 예스24, 알라딘, 교보문고와 같은 인터넷 서점을 통해 책을 구입한다. 인터넷 서점에 회원 가입을 하면 책마다 서평(리뷰)이나 한줄평 등을 작성할 수 있고, 별점도 줄 수 있다. 어른 독자들은 자신이 읽거나 구입한 책에 대해 서평을 쓰기도 하지만 어린이책에 어린이들이 서평을 쓰는 일은 드물다. 아이가 유독 좋아하는 책은 인터넷 서점에 서평을 쓴다면 특별한 경험이 될 수 있다.

인터넷 서점	사이트 주소	서평 남길 수 있는 곳
예스24	http://www.yes24.com	100자평, 리뷰
알라딘	https://www.aladin.co.kr	한줄평(50자 이내), 리뷰
교보문고	http://www.kyobobook.co.kr	Klover리뷰, 북로그리뷰
인터파크 도서	http://book.interpark.com	기대평, 리뷰

[서평을 작성할 수 있는 온라인 서점]

　서평을 쓰다 보면 다른 친구들이 먼저 작성한 서평을 접할 기회가 생긴다. 다양한 서평을 읽으면서 작품에 대한 감상들을 공유할 수 있는 기회가 될 수도 있다. 뿐만 아니라 인터넷 서점을 둘러보면서 자신이 읽고 싶은 책을 발견할 수도 있을 것이다. 서평을 100개 이상 쓰다 보면 독서 감상문을 어떻게 써야 하는지 스스로 터득하게 되리라 믿는다.

　유명한 어린이 책들은 서평이 수백 개씩 달려 있다. 그런데 안타까운 사실 한 가지는 어린이 책임에도 불구하고 어른들 서평이 대부분이라는 사실이다. 어린이 서평은 거의 찾아볼 수 없다. 너무 아쉽고 안타깝다. 어린이 책에 어린이 독자들이 쓴 솔직한 서평들이 넘쳐나는 날을 기대해본다.

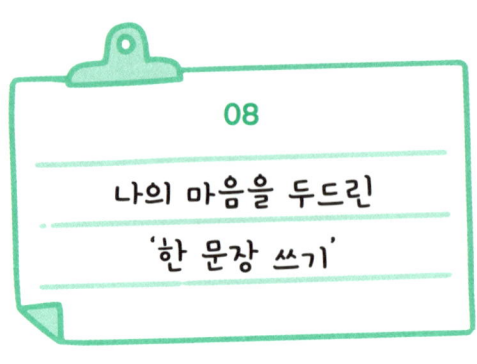

08
나의 마음을 두드린 '한 문장 쓰기'

책을 읽다 보면 어느 문장에서 눈길이 멈추곤 한다. 어떤 문장은 그 아름다움에 감탄사가 절로 나오는가 하면, 어떤 문장은 눈물이 흐르게 되기도 한다. 어떤 문장은 심한 감전이라도 일으키는 듯한 강렬한 자극을 주기도 하고, 어떤 문장은 나를 깊은 묵상의 숲으로 인도한다. 또 어떤 문장은 인생을 관통하고 꿰뚫는 통찰력을 안겨주기도 하고, 어떤 문장은 나를 심하게 질타하는 회초리 같은 역할을 하기도 한다. 이유야 어찌되었든 책을 읽다 보면 우리 마음을 두드리면서 우리 인생 가운데로 들어오는 문장을 경험하게 된다.

이런 문장들은 그냥 흘려보내지 말고 특별 관리를 해주면 좋다. 그냥 흘려보내면 감동도 같이 흘러가버리지만, 특별 관리를 해놓으면 그 감동을 오래 간직할 수 있을 뿐만 아니라 나의 문장으로도 만들 수 있다. 특별 관리라 해서 대단한 것은 아니다. 감동받은 문장을 적어놓는 공책을 한 권 만들고 공책에 적당한 제목을 붙이면 된다. 필자는 아이들과 '가슴을 울린 한 구절'이란 공책을 만들어 활용해보았다.

공책에 자신이 감동을 받은 문장을 적으면 되는데, 그냥 문장만 적는 것보다는 책 제목과 그 문장이 어느 장면에 나오는 문장이고 왜 감동이 있었는지를 간단히 적어두면 활용가치가 더 커진다.

책 제목	감동 문장	장면 및 까닭
『강아지똥』	네 몸뚱이를 고스란히 녹여 내 몸 속으로 들어와야 해.	민들레가 강아지똥에게 아름다운 꽃을 피우기 위해 거름이 되어줄 것을 부탁하며 건넨 말. 남을 위해 희생하는 강아지똥의 모습이 위대해 보여서.
『아낌없이 주는 나무』	그래서 나무는 행복했지만 정말 그런 것은 아니었습니다.	소년이 나무를 베어 배를 만들어 타고 멀리 떠나자 나무의 마음을 표현한 말. 몸통이 베인 나무의 마음이 가슴 아팠기 때문에.

이렇게 정리를 해놓은 다음에는 시간이 날 때 가끔씩 한 번 들춰보면서 읽어보면 좋다. 문장에 대한 묵상이 더 깊어지고 내가 감동을 받은 문장이기 때문에 읽을 때마다 그때 감동이 살아난다. 이렇게 몇 번 반복해서 읽어보면 자연스럽게 외워지게 된다. 이렇게 외워진 구절은 자신이 말을 하거나 글을 쓸 때 인용해서 쓸 수 있다.

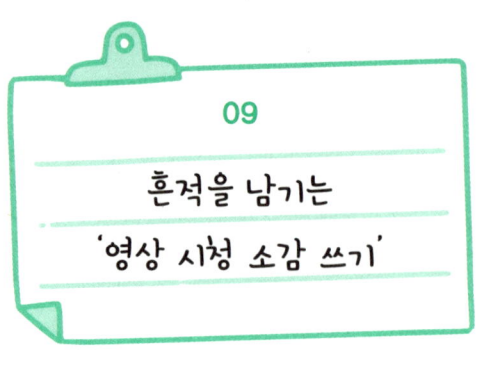

09 흔적을 남기는 '영상 시청 소감 쓰기'

 과거 문자로 지식을 습득하고 공부를 하던 부모 세대와는 다르게 지금 아이들은 영상으로 지식을 습득하고 공부를 하는 세대라 할 수 있다. 무엇을 알기 위해 조사를 해도 책이나 백과사전보다는 네이버 지식 검색이나 유튜브가 더 친숙한 아이들이다. 특히 유튜브 동영상은 '모든 길은 유튜브로 통한다'라 할 만큼 이미 아이들에게 너무 깊숙이 들어왔다. 영상 대신 책을 좀 읽었으면 좋겠지만 이건 어디까지나 부모님들의 욕심일 뿐이다. 피할 수 없으면 이용하는 것이 맞다.

 그런 취지에서 '영상 시청 기록장'을 활용해볼 것을 권한다. 영상 시청 기록장은 말 그대로 영상을 시청한 후에 그 영상에 대해 간단하게 기록하는 것을 말한다. 아이에게 영상 시청하는 것을 못하게 하거나 금지만 하지 말고 아이와 영상 시청 시간을 정하는 것이 좋다. 하루 1시간만 영상 시청을 하기로 했다면 1시간 동안은 자녀가 좋아하는 영상을 가급적 자유롭게 볼 수 있도록 허용해준다. 대신 1시간 영상을 시청하고 나서 영상에 대해 간단히 기록하게 한다. 영상물은 기록하지 않으면 자칫 아무것도 남지 않을 수 있지만, 기록하면 흔적이라도 남는다. 새롭게 알게 된 사실이나 느낌과 소감 등을 간단하게 아래와 같은 양식에 적게 하면 된다.

순번	영상 제목		재생 시간	시청 날짜	부모님 확인
	중요 내용 및 소감				

[영상 시청 기록장 양식 예시]

이렇게 영상 시청 후 간단한 기록장을 작성하게 하면 아이가 무슨 영상을 즐겨 보는지 알 수 있다. 즐겨 보는 장르는 아이가 관심을 가지고 있는 분야이니 아이의 꿈과 연결시킬 수도 있다. 무엇보다 영상을 보면서 조금이나마 생각하면서 시청할 수 있다. 영상을 본 후에 다시 한 번 영상 내용을 복기하면 기억에 좀 더 오래 남을 수 있고, 영상을 주도적으로 수용하는 태도를 길러줄 수 있다. 아이에 따라서는 기록장을 적기 싫어서 영상을 덜 볼 수도 있을 것이다. 모두 영상 시청 기록장의 순기능이라 할 수 있다.

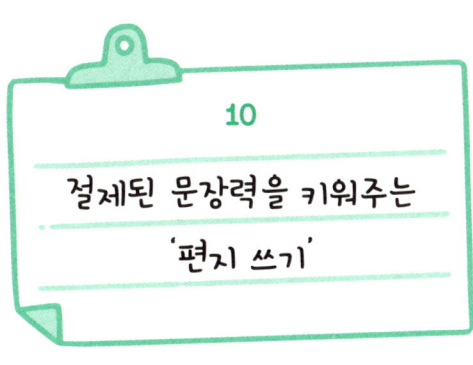

역사상 가장 위대한 책으로 평가받는 『성경』은 '구약'과 '신약'으로 나뉜다. 그런데 '신약'은 대부분 서신서이다. 바울, 베드로, 요한과 같은 사도들이 교회나 개인들에게 쓴 편지글이다. 편지글이 모여 신약 성경이 되었듯이, 편지글의 무게는 결코 어떤 글에도 뒤지지 않는다.

송재환 선생님께

선생님! 저 OO에요. 잘 지내고 계신가요?

1학년 1년 동안 저희를 항상 웃겨주시고 공부에 흥미를 느끼게 해주셔서 감사합니다. 수업시간 중간 중간 재미있는 이야기와 재미있는 활동들! 정말 감사했어요. 선생님은 저에게 Best 선생님이세요. 선생님의 개그를 4년이 지나도 잊지 않고 있습니다.

저는 1학년 때 정말 행운아였네요. 딱 선생님이 1학년 담임선생님이여서요. 학교를 오는데 정말 발에 모터 달고 학교로 슝~하고 가고 싶었어요. 앞으로도 몸 건강하시고 잘 지내세요. 감사합니다. 스승의 날 축하드려요.

2021년 스승의 날에

OO 올림

한 5학년 여자아이가 스승의 날에 써준 편지이다. 평소 말수가 적은 내성적인 아이였는데 이런 편지를 썼다. 이 아이 인생 가운데 좋은 선생님으로 기억된 거 같아 기뻤다. 그리고 몇 번을 반복해서 읽었다. 이 아이를 생각하면서 말이다.

편지란 이런 것이다. 평소 말로는 표현하기 힘든 것을 용기 내어 말할 수도 있고 편지를 받는 사람에게는 반복적인 기쁨을 줄 수 있다. 관계를 좋게 해주는 윤활유와 같은 역할을 할 수 있는 것이 편지이다. 관계는 깨지고 사라질지언정 편지는 남는 법이다.

가족들 간에 가끔씩이라도 편지를 주고받으면 좋다. 편지를 쓸 때 우리는 다른 글을 쓸 때보다 한 번 더 생각하고 조심스럽게 쓰게 된다. 문장에 내 마음을 담기 위해 온 신경을 쓰곤 한다. 편지글의 이런 특징 때문에 다른 글보다 절제되고 상대방을 배려하며 쓰는 문장력을 길러줄 수 있다.

생일, 어린이날, 어버이날, 결혼기념일 등 특별한 기념일에 서로 편지를 주고받으면 멋쩍지 않고 좋다. 가족은 한없이 친밀할 것 같지만 아이러니하게도 서로의 속마음을 터놓고 말할 기회가 많지 않기도 하다. 편지로 속마음을 터놓고 이야기할 수 있다면 더없이 행복한 가족이 될 것이다.

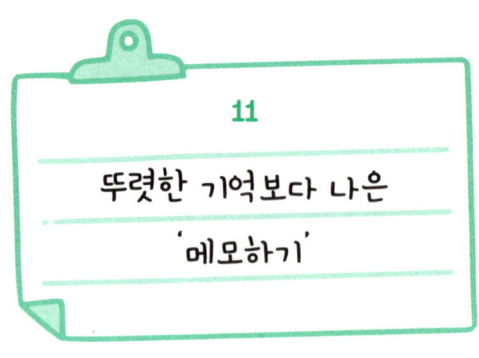

11 뚜렷한 기억보다 나은 '메모하기'

'다른 사람에게 말을 전하거나 자신이 기억한 것을 잊지 않으려고 짧게 쓴 글'

3학년 1학기 국어과에서 소개하고 있는 메모의 정의이다. 형식에 얽매이지 않고 가장 자주 사용되기도 하는 글이 바로 메모일 것이다. 메모가 습관화된 사람과 그렇지 않은 사람은 질적으로 다른 길을 걸을 수 있다.

'흐릿한 메모가 뚜렷한 기억보다 낫다'라는 말이 있듯이 메모의 가치는 생각 그 이상이다. 필자도 글을 쓰면서 메모의 도움을 많이 받곤 한다. 좋은 생각이 떠올랐을 때 간단하게라도 메모를 해두면 나중에 큰 도움을 받게 되는 경우가 굉장히 많다. 하지만 좋은 생각이라도 메모를 해두지 않으면 나중에 아무리 생각을 하려고 해도 생각이 나지 않아 낭패를 본 적이 한두 번이 아니다. 어렸을 때부터 메모의 습관을 들여놓으면 글쓰기의 첫걸음을 뗀 것이라 할 수 있다.

 3학년 아이들에게 메모했던 경험을 발표해보라고 했더니 친구 전화번호를 기록했던 경험이나 사야 할 물건 목록을 적어봤다든지, 게임을 좀 더 잘하기 위한 팁을 기록한 경험 등을 이야기했다. 이처럼 아이들도 나름 삶 속에서 메모를 이용하고 있다.

 아이가 메모하는 습관이 들도록 예쁜 메모장을 하나 사주면 좋다. 스마트폰 앱의 캘린더나 메모장 기능을 이용할 수도 있겠지만, 아이들에게는 바로 눈에 보이는 메모장이 더 좋다. 메모장에 그 날 꼭 해야 하는 일이나 중요한 일을 적게 한다. 좋은 아이디어가 생각났을 때나 오랫동안 기억해야 할 내용도 적게 한다. 학교에서 선생님이 한 말씀 중에 중요한 내용을 적어와서 엄마에게 메모장을 보면서 설명해 달라고 해도 좋다. 이런 다양한 상황 등을 통해 메모와 친숙해지는 것이 무엇보다 중요하다.

 메모는 일단 자꾸 해봐야 그 필요성을 느낀다. 메모를 얼마나 구조화해서 잘했느냐는 그다음 문제이다. 한두 번 메모의 필요성을 느낀 아이들은 스스로 메모장을 챙겨서 다니기 마련이다. 무엇보다 메모를 통해 한 문장이라도 자신의 글을 써본다는 것이 중요하다.

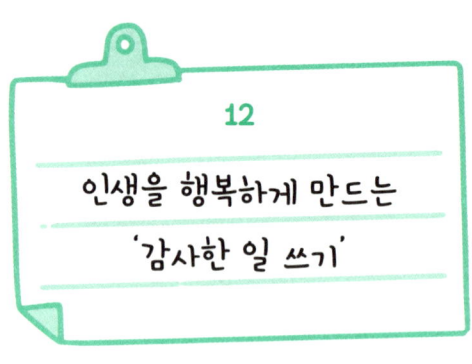

12
인생을 행복하게 만드는 '감사한 일 쓰기'

미국 경제전문지 〈포브스〉 선정 '세계에서 가장 강력한 영향력을 미치는 여성'으로 뽑혔고 '토크쇼의 여왕'으로 불리며 이 시대 최고의 성공 아이콘으로 꼽히는 인물이 있다. 오프라 윈프리Oprah Winfrey이다. 오프라 윈프리는 가난한 미혼모에게서 태어난 뚱뚱하고 가난한 흑인 소녀였다. 아홉 살에 강간을 당하고 열네 살에 임신한 흑인 소녀로 인생의 밑바닥을 경험했지만, 온갖 역경을 딛고 오늘날의 오프라 윈프리가 되었다. 그 원동력은 무엇일까? 그녀 스스로 꼽는 것 중의 하나가 '감사하기'이다.

그녀는 10년 이상 빼먹지 않고 감사일기를 써왔고 주변 사람들에게도 꼭 써보라고 권하기도 한다. 감사일기라고 거창한 게 아니다. 그날 있었던 일 중에서 몇 가지를 골라 간략하게 적는 형식이다.

그녀는 이런 감사일기를 통해 삶의 기쁨을 찾고, 자신의 불행했던 삶을 바꿀 수 있었다고 말한다. 끊임없이 불평하는 사람들은 '감사할 게 있어야 감사하지'라고 말하곤 한다. 하지만 감사는 감사할 게 있어 감사하는 것이 아니라 감사하다 보면 감사할 게 자꾸 생기는 것이다. 감사하다 보면 삶이 기뻐지고 행복해지는 것이다.

오프라 윈프리처럼 매일 습관적으로 '감사하기'를 적어보면 어떨까? 오프라 윈프리에게 일어났던 기적은 경험하지 못할지 모르겠지만, 최소한 일상의 기쁨과 행복은 누릴 수 있을 것이다. 뿐만 아니라 글쓰기와 좀 더 친숙해지리라 믿는다. 감사 공책을 한 권 만들고 그 공책에 꾸준하게 감사거리를 틈틈이 적게 하면 된다. 아이에게만 맡겨두면 실패할 확률이 높으니 가족이 같이 적어가는 것도 좋은 방법이 될 수 있다. 필자가 3학년 아이들을 지도할 때 1주일에 한 번씩 감사 일기를 적게 했는데 그중에 몇 가지를 소개해보고자 한다.

* 엄마가 숙제를 하기 전에 책을 5분 동안 보게 해주셔서 감사하다.
* 쉬는 시간에 할 게 없었는데 선생님께서 같이 이야기해주셔서 감사하다.
* 아빠께서 아침에 가방을 들어주셔서 감사하다.
* 학원 끝나고 집에 왔을 때 엄마가 "수고했어"라고 말해줘서 감사하다.
* 엄마가 맛있는 반찬을 해주셔서 감사하다.
* 아빠가 수영장에 데리러 와주셔서 감사하다.

* 할머니가 짜장면을 사주어서 감사하다.

* 엄마가 학원 반을 바꿔주셔서 감사하다.

* 아빠께서 음악 시간에 쓸 칼림바를 사주셔서 감사하다.

* 3교시 쉬는 시간에 친구가 나랑 대화를 해줘서 감사했다.

* 체육 시간에 선생님께서 내가 잘하고 있다고 말해주셔서 감사했다.

* 내가 만든 달고나를 맛있게 먹어준 가족에게 감사하다.

감사하기를 적을 때는 두리뭉실한 표현보다는 가급적 구체적으로 적게 하는 것이 좋다. 위 예시 중에서 '엄마가 맛있는 반찬을 해주셔서 감사하다'라는 표현보다는 '저녁 반찬으로 엄마가 맛있는 시금치 나물을 해주셔서 감사하다'로 적는 것이 더 바람직하다. 서사문을 적듯이 육하원칙 내용이 포함되는 것이 좋다. 이렇게 하면 아이 인생의 행복 지수와 글쓰기 지수를 동시에 같이 올릴 수 있다. 감사 문장을 적으면 아이 인생 가운데 행복 문장이 새겨지게 된다.

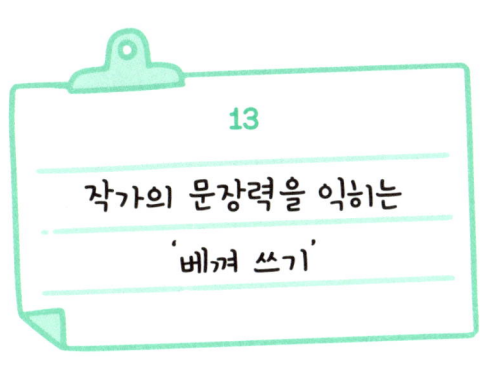

13
작가의 문장력을 익히는 '베껴 쓰기'

문장력을 키우고 글쓰기와 친숙해질 수 있는 방법 중 '베껴 쓰기(필사)'가 있다. 베껴 쓰기는 재미있었던 책이나 감동적인 책을 그대로 따라 쓰는 것을 말한다. 아무것도 아닌 것 같고 아무 효과도 없을 것 같지만 해보면 은근 매력을 지닌 것이 바로 베껴 쓰기이다.

베껴 쓰기를 하다 보면 잡념을 털어낼 수 있고 풍부한 어휘나 좋은 표현력을 맛볼 수 있을 뿐만 아니라 맞춤법, 문법, 띄어쓰기 등의 연습도 병행할 수 있는 효과가 있다. 무엇보다 자신이 직접 글을 쓰는 것보다 힘이 훨씬 덜 들기 때문에 쉼의 효과를 얻을 수 있다.

> 사자소학은 어린이와 어른들이 읽기에 좋은 것 같다. 가르침과 교훈과 깨달음이 많은 책인 것 같다. 재미있기도 하다.

사자소학 중에서 가장 기억에 남는 사자소학 구절은 '구물잡담 수물잡희(입으로는 잡담하지 말며, 손으로는 장난치지 말라.)'이다. 왜 내가 그 구절을 좋아하냐면 그 구절 덕분에 수업시간에 손장난을 하지 않게 되었고 손을 가만히 놔두게 되었다. 그리고 그 구절 덕분에 옆 짝꿍과 떠들지 않게 되었다.

사자소학은 나에게 많은 교훈과 가르침을 주는 것 같다. 나는 사자소학이 어렵긴 하지만 재미있다.

2학년 한 남자아이가 『사자소학』이란 책을 베껴 쓰고 난 후 적은 소감이다. 베껴 쓰기의 어려움을 잘 극복하고 나름 얻은 것이 많은 아이의 소감이다. 좋은 책을 베껴 쓰고 나면 아이 인생 가운데 좋은 흔적이 남기 마련이다.

어떤 책을 베껴 쓰면 좋을까? 잘 읽히는 작품을 베껴 쓰는 것을 추천한다. 어떤 작가의 작품이 잘 읽히는 이유는 자신의 문장 스타일과 닮아 있기 때문이다. 자기 문장의 결과 호흡이 같기 때문이다. 이는 자신과 성향이 비슷한 사람에게 끌리는 이치와 같다. 또한 가급적 의미 있고 가치 있는 책을 따라 쓰는 것이 좋다. 베껴 쓰기 좋은 책으로 『사자소학』, 『명심보감』, 『꽃들에게 희망을』, 『어린왕자』, 『소나기』, 『아낌없이 주는 나무』, 『갈매기의 꿈』과 같은 고전을 추천한다. 이런 책들의 문장은 깊은 사고의 숲 가운데로 이끌어주고 평생 가슴에 남을 만한 표현들이 즐비하다. 이런 책들을 하루에 한두 줄씩이라도 꾸준하게 써서 마침내 한 권을 다 베껴 쓴다면 그 성취감은 이루 말할 수 없다. 그 과정에서 아이에게 생기는 글쓰기 근육은 다른 글쓰기를 할 때 생각지도 못한 엄청난 힘을 낼 수 있다.

  만약 글쓰기 능력 향상을 위해 베껴 쓰기를 활용하고자 한다면 절대 한 번에 많은 양을 베껴 쓰려는 욕심을 버려야 한다. 베껴 쓰기를 하는 목적이 단시일 내에 책을 한 권 베껴 쓰기를 하는 것이 아니라, 글쓰기 능력 향상에 있음을 명심해야 한다. 하루에 한 문장이라도 써 보자는 취지가 목적이다. 어법이 정확하고 표현이 멋있으며 격조 있는 어휘들로 잘 쓰인 문장을 따라 써보는 것이 목적이다. 이런 목적을 달성하기 위해서는 한 번에 많이 쓰는 것보다 한두 문장이라도 매일 쓰는 것이 중요하다. 하루에 한 문단 정도 베껴 쓰면 좋다. 이렇게 매일 몇 문장씩 쓰다 보면 베껴 쓰기가 다 끝날 즈음에는 자신의 문장이 작가의 문체와 비슷하게 변한 것을 발견할 수 있을 것이다.

관찰하는 힘이 글쓰기 실력을 키운다

아이들이 쓸 게 없다고 글쓰기를 어려워하는 이유는 관찰력이 부족해서이다. 여기서 말하는 관찰력은 과학자의 관찰력이 아니라 시인의 관찰력이다. 과학자들의 관찰은 사물을 자세히 들여다보고 사실 관계를 따지지만, 시인들은 사물을 자세히 들여다보고 그것을 통해 느끼고 감동을 하는 것이다.

시인의 눈은 많이 느끼고 감동하는 눈이다. '시인은 평범한 자두 열매에도 감동할 줄 아는 사람'이라고 노벨문학상 수상자 앙드레 지드Andre Gide는 말한 바 있다. 작은 풀벌레 소리에 귀가 기울여지고, 길가에 핀 꽃 한 송이에 눈길이 머물고, 시원하게 불어오는 바람의 맛을 느낄 수 있는 사람이 시인이다.

시인의 눈은 관찰하는 눈이다. 남들이 보지 못하는 것을 보기도 하고, 남들이 느끼지 못하는 것을 느끼기도 한다. 시인의 눈을 가지고 주변을 돌아보면 모든 것이 글쓰기 소재가 된다.

사람들에게 희망을

님아, 남이 공부 잘해도

님도 잘하라는 법 없소

남이 좋은 대학 가도

욕심 버린 님이 더 좋소

좋은 대학 가 돈 잘 벌어도

좋을 것이 뭐가 있소?

욕심 버린 님이

진정 행복한 것이오

3학년 아이들에게 『꽃들에게 희망을』이라는 작품을 읽고 독후 활동으로 느낌이나 소감을 적어보라고 했더니 한 남자아이가 적은 시이다. 이 아이에게 이런 말을 해준 기억이 난다. "너는 이제 하산하거라. 선생님이 더 이상 가르칠 것이 없다."

이 아이는 평소에도 제법 글을 쓸 줄 아는 친구였다. 시인의 눈으로 보면 세상 모든 것이 시의 소재가 된다. 시는 세상 도처에 널브러져 있다. 다만 그것을 볼 줄 아는 눈이 없을 뿐이다.

관찰은 육신의 눈을 가지고 대상을 자세히 살피는 것을 말한다. 하지만 육신의 눈만 가지고 관찰을 완성할 수는 없다. 마음의 눈으로 보아야만 보이는 영역이 있다. 더 깊은 것은 영의 눈으로 보아야 볼 수 있다. 시인은 마음의 눈과 영의 눈을 가진 사람이다.

'인생의 부를 결정하는 것은 얼마나 많이 가졌느냐가 아니라 얼마나 많이 느끼고 감동하며 살았는가?'라고 했다. 많이 느끼고 감동하며 살아가는 삶, 시인의 눈을 가진 사람이 가질 수 있는 인생의 특권이다. 이것이 인생을 행복하게 살아가는 비결이다.

배경지식이 많을수록 글쓰기가 쉬워진다

어떤 글을 읽고 이해하는 데 바탕이 되는 경험과 지식을 일러 우리는 흔히 '배경지식'이라 말한다. 배경지식 중에는 내가 직접 경험을 통해 얻은 직접적인 배경지식도 있고, 남에게 듣거나 책읽기를 통해 얻은 간접적인 배경지식도 있기 마련이다. 배경지식의 양에 따라 이해의 깊이나 속도의 차이가 확연히 나기 마련이다.

배경지식은 글을 쓸 때도 매우 결정적인 역할을 한다. 배경지식이 많을수록 재미있고 생생하며 깊이 있는 글을 쓰기가 쉽다. 하지만 아이들은 배경지식이 어른들과 비교할 바가 못 된다. 배경지식이 부족하니 뭐 하나 쓰려고 해도 할 말이 없는 것이다. 배경지식을 지식, 어휘력, 경험으로 나누어 설명하고자 한다.

지식

글쓰기에서 파편적인 지식은 크게 중요하진 않다. 하지만 파편 지식의 양이 절대적으로 부족하면 좋은 글을 쓸 수 없다. 비즈 공예를 한다고 할 때 가지고 있는 구슬(비즈)의 종류와 양이 다양하고 많아야, 자신이 만들고자 하는 예쁜 작품을 완성할 수 있다. 글쓰기에서 구슬에 해당하는 것은 바로 '지식'이다. 낱개의 파편적인 지식은 크게 쓸모 있는 것은 아니지만, 이것을 사고력과 통찰력으로 꿰면 아름다운 작품의 일부분을 채울 수 있다. 단조로운 구슬 몇 개만 가지고 있는 것보다는 다양한 크기와 색깔, 모양의 구슬을 가지고 있다면 훨씬 좋은 작품을 만들 수 있다. 지식의 양을 늘려가는 것은 이런 측면에서 중요하다. 오늘 아이가 얻은 지식은 나중에 글쓰기를 할 때 좋은 배경지식이 되어 글을 아름답게 빛낼 수 있다.

어휘력

어휘력은 배경지식에서 큰 부분을 차지한다. 어휘를 얼마나 정확히 많이 알고 있고 다양한 어휘를 알고 있느냐에 따라 글쓰기 수준이 매우 달라진다. 어휘력이 빈약하면 절대 좋은 글을 쓸 수 없다. 하지만 어휘력이 풍성하면 좋은 글을 쓸 수 있다. 같은 의미를 가졌지만 품격 있고 멋진 표현으로 바꿀 수 있다.

베트남 쌀국수

나는 오늘 우리 동네 새로운 쌀국수집에 갔다. 처음에는 조금 어색했는데 쌀국수면을 호로록 빨아먹어보니 천국이 따로 없었다. 볶음밥도 먹어봤는데 기절할 것같이 맛있었다. 아무래도 이 가게 단골손님이 될 것 같다.

준서네 집 놀러간 날

나는 오늘 준서네 집에 놀러갔다. 누구누구 놀러갔냐면, 지민이, 나, 내 동생 이렇게 3명이랑 갔다. 거기서 맛있는 것도 먹고 재밌게 놀았다. 대박이었다. 그런데 너무 많이 먹었고 이상한 걸 먹어서 배가 너무 아팠다.

1학년 아이들이 쓴 일기이다. 둘 다 1학년다운 글이라 생각한다. 하지만 '베트남 쌀국수' 일기가 조금 더 눈에 들어온다. 이유는 어휘 때문이다. '어색', '천국', '단골손님'과 같은 어휘는 3학년 정도는 되어야 자유롭게 구사하는 어휘이다. 그런데 1학년 아이가 이런 어휘로 글을 썼다. 이에 반해 '준서네 집 놀러간 날' 일기에는 '너무', '대박' 같은 어휘들이 눈에 띈다. 좀 더 다양하고 품격 있는 어휘를 썼다면 글이 많이 달라졌을 것이다.

이처럼 어휘력은 글의 품격을 좌우할 만큼 중요한 요소이다. 평소 좋은 책을 꾸준히 읽어서 품격 있는 어휘를 많이 습득해야 글을 쓸 때 다채로운 빛깔이 나는 문장을 만들 수 있다.

경험

"선생님, 쓸 게 없어요."

이 말은 아이들에게 글쓰기 지도를 하다 보면 가장 많이 듣는 말이다. 단조롭고 똑같은 일상이 반복되는 가운데 글감을 잡아 글을 쓴다는 것은 아이들에게 거의 불가능에 가깝다. 어른들은 얼마든지 단조로운 일상 속에서 새로움을 발견하고 사색할 수 있지만, 아이들에게는 쉽지 않은 일이다. 아이들은 구체적 조작기에 있기에 몸으로 직접 체험하지 않으면 자극을 받지 못하기 때문이다.

자신이 직접 경험한 것은 배경지식 중에서도 가장 고급스럽고 양질의 지식이다. 그러므로 아이에게 다양한 경험을 할 수 있도록 도와주어야 한다. '한 가지를 경험하지 못하면 한 가지 지혜가 자라지 못한다'고 하였다. 이것을 이렇게 표현하고 싶다. '한 가지를 경험하지 못하면 글감이 한 가지 줄어든다'로 말이다.

4장

주도적인 삶을 위한 생활문 글쓰기

: 모든 글쓰기의 기본, 일기 쓰기

생활문이란 생활하면서 직접 보고, 듣고, 겪었던 일을 자신의 생각이나 느낌 등을 곁들여 실감나게 적은 글이라 할 수 있다. 대표적으로 일기, 편지, 기행문, 감상문 등이 있다. 이 중에서 일기는 많은 사람들이 쓰고 가장 친숙한 글이다 보니 생활문과 일기를 거의 동의어처럼 사용하기도 한다. 이 책에서도 일기만을 집중적으로 다루려고 한다.

일기는 초등학생들과는 악연이다. 어떤 아이들은 숙제 중에 일기 숙제만 없어도 살겠다고 말하기도 한다. 아이들은 대체로 일기 쓰기를 싫어하거나 어려워하는데 일기 쓰기를 싫어하는 것이 아니라 글쓰기를 싫어하는 것이다.

"선생님, 아이가 일기를 쓰기 싫어하는데 꼭 써야 하나요?"

이런 질문을 하는 부모들이 있다. 이런 부모들에게 이런 반문을 한다.

"아이가 글을 잘 쓰기를 원하나요?"

그렇지 않다고 대답하는 부모(한 번도 이런 부모를 만난 적이 없긴 하지만)라면 안 써도 된다고 말한다. 하지만 그렇다고 대답한 부모에게는 이런 말을 덧붙이곤 한다.

"일기를 안 쓰면 무슨 글을 쓰게 할 건데요?"

초등학교에서 일기는 글쓰기의 핵심이다. 일기 쓰기를 하지 말라고 하는 교사나 학교는 아마 없을 것이다. 왜 이렇게 모든 학교에서 일기 가지고 난리를 피우는 것일까? 그만큼 일기 쓰기가 중요하기 때문이다. 일기 쓰기는 모든 글쓰기의 기본이 된다.

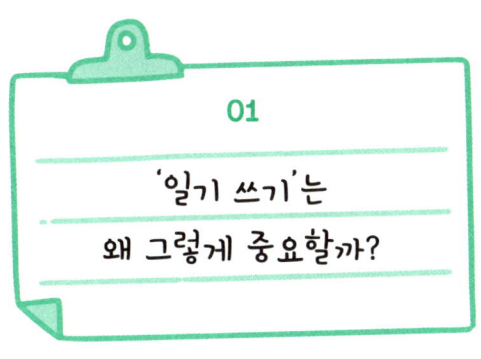

01 '일기 쓰기'는 왜 그렇게 중요할까?

경험과 생각을 가장 간단하게 표현하는 글이 일기이다. 이 일기를 잘 쓰게 된다면 독후감, 설명문, 논설문 등을 쓰는 것도 거의 문제가 되지 않는다. 모든 운동선수들이 가장 기본 운동으로 달리기를 통해 기초 체력을 기르듯 일기는 어찌 보면 운동에서 달리기와 같이 글쓰기의 기초를 다지는 도구가 될 수 있다.

잘 써진 한 편의 일기는 그 자체가 하나의 훌륭한 글이 될 수 있다. 수필과 같은 문학작품으로서의 가치를 가지고 있다. 재미있게 써진 일기에 살을 조금 더 붙이면 '이야기 글'이 될 수 있고 좀 더 함축적으로 쓰면 '시'가 될 수 있다. 뿐만 아니라 자신의 생각을 잘 풀어서 덧붙이면 '설명문'이 될 수 있으며, 자신의 주장을 넣어 논리적으로 구성하면 '논설문'이 될 수 있는 것이다. 이처럼 일기는 다른 글쓰기의 뼈대가 될 수 있는 글이다.

  일기를 그날 있었던 일을 쓰는 것이라 생각하는 아이들이 많다. 하지만 일기는 그날 있었던 일뿐만 아니라 모든 것이 소재가 될 수 있다. 자신이 읽어가고 있는 책을 일기로 쓴다면 독서 감상문이 될 것이고, 친구와의 우정을 고민하다가 우정에 대해 글을 쓴다면 철학 에세이가 될 수 있다. 시사 문제에 대해 견해를 밝히고 자신의 주장을 싣는다면 칼럼이 될 것이고, 부모님께 속상했던 일을 편지 형식을 빌어 쓰면 편지가 될 것이다. 이렇듯 온갖 종류의 글로 변신할 수 있는 것이 바로 일기다. 일기를 잘 쓴다는 것은 글을 잘 쓴다는 말과 바꿔도 전혀 손색이 없는 표현일 것이다.

  한국인들이 가장 좋아하고 존경하는 역사 인물 중 이순신 장군을 빼놓을 수 없다. 일본의 침략으로 백척간두의 위기에 처한 조선을 23전 23승이란 세계사에서 유례를 찾을 수 없는 승률로 해전에서 승전함으로서 나라를 구했다. 뿐만 아니라 그의 치밀한 준비, 존경받는 리더십, 백의종군, 죽음 등이 모두 흥미진진한 이야깃거리로 많은 사람들에게 회자되고 있다. 어린아이들부터 시작해서 어른들에 이르기까지 이순신 장군을 모두 좋아한다.

  이순신 장군이 400년이 지난 지금까지 전 국민의 사랑을 받는 이유는 무엇일까? 여러 가지를 꼽을 수 있지만 『난중일기』를 썼기 때문이 아닐까 싶다. 『난중일기』는 임진왜란이 발발하던 1592년부터 장군이 전사한 1598년까지 이순신 장군이 쓴 일기를 일컫는다. 분량이 글자로는 13만 자에 이르고 쪽수로는 500여 쪽에 이른다. 대부분 사람들은 이순신 장군이 처음부터 『난중일기』를 썼다고 알고 있지만, 이순신 장군은 '임진일기', '병신일기', '정유일기' 등과 같이 당해 이름을 따서 붙였을 뿐이다. 후대에 임진왜란 발발 200주년을 기념하기 위해 1792년(정조16년)에 이르러서 '전란 중의 일기'란 뜻의 『난중일기(亂中日記)』로 편찬되었다.

『난중일기』가 남아 있기에 이순신 장군의 행적이나 생각 등을 자세히 알 수 있다. 만약 이순신 장군이 『난중일기』를 남기지 않았다면 어땠을까? 지금과 같은 명성은 누리지 못했을 거라 생각한다.

우리가 김구 선생님을 좋아하고 존경하는 이유도 그가 『백범일지』라는 일기를 남겼기 때문일 것이다. 그의 분신과 같은 『백범일지』를 읽어보면 그가 이 나라와 백성들을 얼마나 사랑했는지가 잘 나타나 있다. 이런 글을 읽으면서 어떻게 김구 선생님을 사랑하지 않을 수 있을까? 2009년 유네스코 세계 기록 유산으로 등재된 『안네의 일기』는 2차 세계대전 중 나치의 박해를 피해 숨어 살면서 벌어지는 이야기를 평범한 10대 소녀의 시선으로 담담하게 쓴 일기이다. 안네는 안타깝게 독일군에 잡혀 세상을 떠났지만, 그의 일기는 남아서 전 세계에 걸쳐 읽히는 문학작품이 되었다. 글의 힘이다.

『난중일기』, 『백범일지』, 『안네의 일기』처럼 거창한 예를 들긴 했지만 이 글을 쓴 사람들도 자신들의 일기가 후대에 걸쳐 이렇게 대중적으로 읽히리라고는 전혀 생각하지 못했을 것이다. 일기 글은 별것 아닌 것 같지만 글을 쓴 자신보다 오래 살아남아 나를 표현해줄 수 있다. 그 일기글을 쓰기 시작하는 때가 바로 초등학교 시기이다.

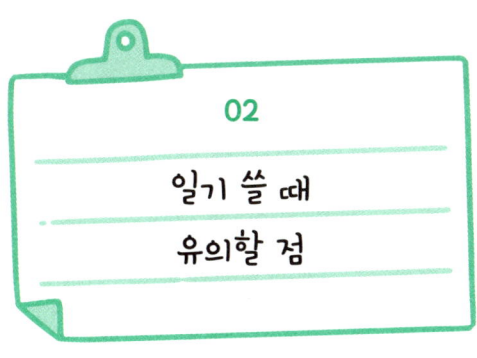

02 일기 쓸 때 유의할 점

"선생님, 매일 써야 돼요?"

"선생님, 쓸 게 없어요."

"선생님, 동시로 일기 써도 돼요?"

이런 말들은 일기와 관련해서 아이들에게 많이 듣는 질문들이다. 아이들 중에 일기에 대한 오해를 하고 있는 경우도 있고, 문제에 대한 해결책을 잘 몰라 일기 쓰기를 싫어하는 경우도 있다. 부모들의 지혜로운 안내가 필요한 부분이다.

가급적 연필로 쓰게 하라

아이가 일기를 쓸 때 가급적 연필로 쓰게 하는 것이 좋다. 3, 4학년만 되어도 샤프펜이나 볼펜 등으로 쓰려는 아이들이 있는데 그다지 추천하고 싶지 않다. 샤프펜이나 볼펜 등은 연필보다 글씨를 쓸 때 힘이 훨씬 더 적게 들어가기 때문에 글씨체가 망가질 확률이 높다. 좀 힘이 들더라도 연필로 쓰는 것이 글씨체가 흐트러지지 않고 아이의 뇌 발달에도 좋다.

고학년이 되면 컴퓨터로 일기를 쓰려고 하는 경우도 있다. 이 또한 초등학교 때는 가급적 컴퓨터보다는 연필로 쓰기를 권하고 싶다. 늘 펜으로 글을 쓴다는 미국 소설가 폴 오스터Paul Auster는 "펜을 쓴다는 것은 말이 몸에서 흘러나오고, 그 말들을 종이에 새겨 넣는 과정을 느끼는 것"이라고 말한다.

초등학생 때는 글을 빨리 쓰고 많이 쓰는 것이 목적이 아니다. 한 글자씩 써가면서 글쓰기의 맛을 들여가는 때이다. 연필은 글쓰기의 맛을 들이는 최적의 도구 중 하나라고 생각한다.

쓸거리가 없을 때는 자기가 쓰고 싶은 것을 쓰면 된다

"쓸 게 없어."

이 말은 아이가 일기 쓸 때 가장 많이 하는 말이다. 일기 쓰기에서 글감을 잡으면 절반은 해결된 것이나 다름없다. 그런데 쓸 게 없다는 말은 글감이 없다는 말이다. 좋은 글감은 신문 기자에게 '특종'과도 같은 것이다. 하지만 특종과 같은 글감은 1년에 몇 번 없다. 대부분의 날은 어제와 같은 오늘의 반복이다. 이런 일상에서 아이는 쓸거리가 없다고 보채기 마련이다. 부모님이 좀 도와주면 좋다. 이럴 때는 다음과 같은 것들 중에 자기가 쓰고 싶은 것을 글감 삼아 쓰라고 하면 된다.

- 내가 잘 알고 있는 것
- 요즘 새롭게 알게 된 것
- 잘 알고 있어 정확하게 쓸 수 있는 것
- 관심이나 흥미를 가지고 있는 것
- 우리 가족이나 가족 중 한 명에 대해
- 나의 꿈
- 나의 장점과 단점
- 친한 친구
- 여행하고 싶은 곳
- 학교 선생님
- 내가 로또에 당첨된다면

먼저 입으로 써보게 한다

글쓰기를 어려워하거나 거부감을 가지고 있는 아이에게는 먼저 말로 써보게 하는 것이 좋다. 자기가 쓰고자 하는 내용을 부담 갖지 않고 다른 사람에게 말하듯이 구술을 한다. 부모는 아이가 글감을 고를 수 있도록 도와주고, 그 사건이 어떻게 일어났는지와 그때 감정이나 생각 등을 말할 수 있도록 유도해주면 된다.

일기 입으로 써보기

"혹시 오늘 기억에 남는 일 있니?"

"점심시간에 기분이 안 좋았어요."

"왜?"

"친구 OO랑 싸웠거든요."

"왜 싸웠는데?"

"걔가 먼저 내 별명을 부르고 놀려서 나도 그 친구 별명을 불렀어요. 그러다가 주먹질을 하게 되었어요."

"그래? 속상했겠다. 그때 네 마음은 어땠니?"

"아주 기분이 나빴고 슬펐어요. 그 친구하고 당분간 놀지 않을래요."

"지금 대화 나눈 것을 일기로 써보자."

입으로 쓴 것을 글로 쓰기

제목 : 점심시간에 생긴 일

오늘 점심시간에 기분이 아주 안 좋은 일이 벌어졌다. 친구 OO와 싸웠다. 그 친구가 먼저 내 별명을 불러 나도 화가 나서 그 친구의 별명을 불렀다. 그러다가 우리는 서로 주먹질까지 하게 되었다.

서로 별명을 부르다가 싸움으로까지 번지게 되어 기분이 나빴고 슬펐다. 그

> 친구가 먼저 잘못한 것이니 사과할 마음은 없다. 그 친구와 당분간 놀지 말아야겠다.

정형화된 틀에서 벗어난다

아이들 일기를 읽다 보면 일정한 틀이 존재한다. '어떤 잘못한 일-반성-착한 아이 다짐' 틀이다.

> 나는 친구 OO와 싸웠다. 왜 싸웠냐면 그 애가 나한테 먼저 시비를 걸었다. 그래서 싸웠다. 나는 기분이 좋지 않았다. 내가 좀 참을 걸 그랬나 싶다. 앞으로 그 친구와 친하게 지내야겠다.

이 일기는 1학년 남자아이가 쓴 일기이다. 전형적인 '어떤 잘못한 일-반성-착한 아이 다짐' 틀에 입각한 글이다. 고학년들 일기 검사를 해보아도 이런 일기를 흔하게 볼 수 있다.

착한 아이가 되어야 한다는 압박감이 자꾸 이런 일기를 쓰게 하는지도 모른다. 그냥 다음과 같은 일기를 쓰면 안 되는 것인가?

> 나는 친구 OO와 싸웠다. 왜 싸웠냐면 그 애가 나한테 먼저 시비를 걸었다. 그래서 싸웠다. 나는 기분이 좋지 않았다. 내가 좀 참을 걸 그랬나 싶다. 아니다. 나는 앞으로 그 친구하고 1주일 동안 말하지 않고 싶다.

혹시 이렇게 쓰면 부모님이나 선생님께 혼나지 않을까 걱정이 되어서 정형화된 일기를 쓰는 아이라면 이미 글쓰기의 재미를 잃어버린 아이일 것이다. 일기만큼은 자기감정에 솔직하게 적어도 괜찮다는 것을 아이들이 알았으면 좋겠다. 정형화된 틀에서 벗어나면 좋겠다. 그래야 정직한 글을 쓸 수 있고 살아 있는 글을 쓸 수 있다.

아이들의 살아 있는 입말을 인정해준다

아이들의 일기에는 입말이 잘 드러난다. 평소에 자주 쓰는 말, 또래들끼리만 통용되는 말, 사투리 또는 사전에는 나오지도 않는 비속어일 수도 있다. 이런 입말은 표준어법에 벗어난다. 하지만 이런 입말을 인정해줄 필요가 있다. 아이 자신의 입말을 그대로 살려 쓴 글이 어설프게 어른들의 말을 흉내 내며 쓰는 것보다 훨씬 가치가 높은 글이다.

자신이 써놓은 일기를 읽을 때 자신의 입에서 술술 읽히는 일기는 살아 있는 입말로 써졌을 확률이 높다. 하지만 일기를 읽는데 입에서 자꾸 걸리고 자연스럽게 읽히지 않는 것은 자신의 입말로 쓰지 않았기 때문이다.

일기는 반성문이 아니다

'참 재미있는 하루였다.'
'앞으로는 이러지 말아야겠다.'

아이들 일기 맨 마지막 문장에 가장 많이 등장하는 문구 중 하나이다. 어떤 아이들은 맥락도 없이 판소리 추임새처럼 으레 일기 맨 마지막 문장으로 사용하기도 한다.

많은 아이들이 일기를 무슨 반성문 쓰듯이 쓴다. 신부님에게 고해성사를 하듯 자신의 잘못한 점을 낱낱이 고하고 다시는 이러지 말아야겠다는 다짐으로 일기를 끝내곤 한다. 좀 더 나은 내가 되기 위한 자기성찰의 방편으로 생각한다면 바람직한 일기라고 할 수 있겠지만 매번 이런 식의 일기는 좀 곤란하다. 매번 반성문 같은 일기를 쓰는 아이의 심정은 어떨까? 과연 일기 쓰기를 좋아하게 될까? 그럴 리가 없다. 일기를 쓰는 목적은 일기를 쓰고 싶어 하는 아이로 만들고자 함이지, 일기 쓰기를 싫어하는 아이로 만들고자 함이 아니라는 사실을 꼭 기억해야 한다.

일기는 쓸거리가 생겼을 때 바로 쓴다

일기는 보통 하루를 마무리하는 밤에 쓰는 거라 생각한다. 사정이 이렇다 보니 일기를 쓰기 위해 맨 먼저 하는 일이 하루 동안 있었던 일을 '회상하기'이다. 머릿속으로 아침부터 저녁까지의 일을 영화 필름 돌리듯이 돌린다. 하지만 딱히 잡히는 글감이 없다. 어제와 같은 오늘의 일상이 반복되었으니 뭐 특별하고 새로울 것도 없다. 이러다 보니 오늘의 일을 회상하고 글감 잡는 것부터 난관에 봉착하게 되고 연필만 굴리고 있게 된다.

일기를 밤에 써야 한다는 논리는 초등학생들에게 전혀 맞지 않다. 다분히 하루를 돌아보면서 반성한다는 측면을 강조하면서, 일기는 밤에 써야 하는 것으로 굳어지지 않았을까 싶다. 초등학생들에게 일기 쓰기 좋은 시점은 바로 '쓸거리가 생겼을 때'이다. 예를 들어 동생하고 싸웠는데 엄마한테 혼났다. 그때 아이는 억울한 감정, 분한 생각들로 가득할 것이다. 이때 일기를 쓰는 것이 가장 생생하고 살아 있는 글쓰기를 할 수 있는 시점이다. 이때가 지나 몇 시간 뒤인 잠자기 전에 이 사건을 가지고 일기를 쓰려고 해도 도무지 생생한 느낌과 생각이 떠오르질 않는다. 이런 상태에서 일기를 써봤자 시들시들한 글이 되고 맛없는 글이 되기 십상이다. 일기는 어떤 일이 일어났을 때, 쓰고 싶거나 써야 할 사건이 있을 때가 가장 적절한 타이밍이다. 인생은 타이밍이 중요하듯 일기도 타이밍이 중요하다.

쓸 시간을 정해놓고 쓰라

방금 전에 쓸거리가 생겼을 때 쓰라고 해놓고 '이것은 갑자기 무슨 뚱딴지같은 소리를 하는 건가' 하고 의아스럽게 생각할 독자들도 많을 것 같다. 쓸거리가 생겼을 때 일기를 쓰면 생생한 일기를 쓸 수 있어 좋지만, 이를 실천하기가 여간 어렵지 않다. 정말 글쓰기를 좋아하는 아이가 아닌 다음에는 말이다. 일반적인 아이들에게 현실적인 팁은

'쓸 시간을 정해놓고 쓰라'는 것이다.

꼭 해야 하고 좋은 것일수록 시간을 정해놓고 하는 것이 좋다. 이것을 우리는 루틴(routine)이라고 부른다. 아이들마다 처한 처지와 형편과 스케줄이 모두 다르다. 아이가 글쓰기를 하기 가장 좋은 시간을 30분 정도 할애해서 일기를 쓰게 해보자. 글쓰기 시간은 누워서 하거나 돌아다니면서 할 수 없다. 꼼짝없이 엉덩이를 의자에 붙이고 앉아서 해야 한다. 초등학생들에게는 30분 정도가 적당하다.

일기에 긍정 피드백을 해줘라

지금은 학교에서 일기 검사조차 학부모 동의를 구하고 하게 되어 있다. 개인 인권을 존중하다 보니 빚어진 결과이다. 때문에 많은 교사들이 일기 검사를 안 하거나 예전에 비해 형식적으로 하게 되었다. 조금은 서글픈 현실이다. 예전에는 아이들이 쓴 일기를 꼼꼼하게 읽고, 일기 내용과 관련하여 한 줄이라도 적어주곤 했다. 교사 검사가 끝난 일기장을 받아든 친구들 중에는 선생님이 나에게 뭐라고 썼나 궁금해하면서 조심스럽게 일기장을 펼치곤 하던 아이들도 있었다.

행여나 다른 친구들이 볼까 봐 다 펼치지도 않고 일기장을 빼꼼 쳐다보는 모습을 보노라면 일기 검사의 노고가 씻을 듯이 사라지곤 했다.

아이가 일기를 쓰고 나면, 매일은 아니라도 1주일에 한 번 정도라도, 아이가 쓴 일기에 한두 줄 적어주는 것이 좋다. 아이에게 긍정적인 피드백을 주도록 하자. 아이에 대한 칭찬과 격려는 물론이고 존재에 대한 인정 등을 해주면 좋다. 일기 내용에 대한 감상평을 간단히 쓰도록 하자. 부모와의 소통 창구가 될 수도 있고 아이가 글쓰기를 좋아하는 계기가 될 수도 있다.

다 쓴 일기장은 꼭 보관하라

사람은 추억을 먹고 사는 존재라고 했다. 필자는 아쉽게도 초등학교 때 쓴 일기장들이 남아 있지 않다. 얼마나 아쉬운지 모른다. 그 일기장을 본다면 지금 필자가 가르치는 아이들의 심정을 더 잘 이해하고 잘 가르칠 수 있을 듯하다. 하지만 대학교 때와 군대에서 쓴 일기장은 가지고 있다. 그 일기장들을 읽을 때마다 추억이 새록새록하다. 글이란 지금의 일을 적지만 후에는 추억이 되고, 일기장은 추억의 창고가 되는 것이다. 일상이 힘들고 팍팍할 때 추억의 창고 속으로 들어가면 다시 새 힘을 얻는 것이 인간이란 존재이다.

아이가 쓴 일기장은 아이에게 보물과 같다. 어렸을 때는 그 가치를 잘 모른다. 하지만 나이가 들어가면서 일기의 가치를 깨닫게 된다. 어렸을 때 자신이 썼던 일기장을 들춰보면서 어렸을 때 추억을 떠올리게 된다. 그러다가 문득 다시 일기를 써야겠다는 생각이 들어 다시 일기 쓰기를 시작하는 어른들도 많다.

글은 시간이 지날수록 그 가치를 발한다. 아이들 일기는 절대 버리지 말고 잘 보관해두었다가 나중에 결혼할 때 꼭 싸서 보내주길 바란다. 그 어떤 것보다 더 귀할 수 있다.

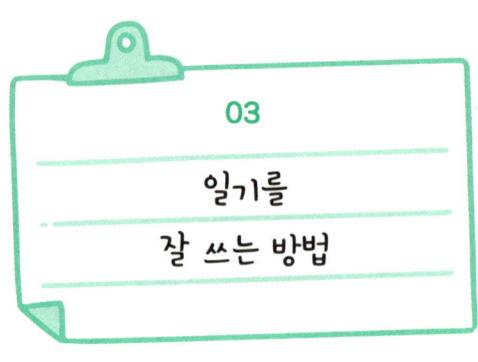

03 일기를 잘 쓰는 방법

아이들 일기를 검사하다 보면 어떤 아이들의 일기는 읽는 재미에 푹 빠져들게 만든다. 이런 아이들 일기는 일기의 형식을 잘 지킬 뿐만 아니라 주제가 잘 드러난다. 또한 글이 생생하고 재미있어서 마치 짧은 동화를 한 편 읽는 듯한 느낌이 든다. 이런 아이들 일기는 검사할 맛이 나고 매번 일기를 꼼꼼히 읽어보게 된다.

하지만 많은 아이들의 일기는 검사하는 것이 고역일 때가 많다. 일기의 기본적인 형식도 안 지켜서 쓰는 경우가 많고 무엇보다 읽어도 무슨 말인지 모르게 쓴 경우가 많다. 이런 아이들 같은 경우 조금씩 고쳐가야 좋은 일기를 쓸 수 있다.

날씨는 최대한 느낌을 살려 자세히 쓰기

일기를 쓸 때 날씨를 적게 되어 있다. 날씨를 맑음, 흐림, 비, 눈 정도로 간단하게 쓰는 것보다 '땀이 날 정도로 햇빛이 쨍쨍', '하루 종일 비 오다 멈추고 다시 비가 오는 오락가락 날씨' 등과 같이 자세히 표현하게 하는 것이 좋다. 이렇게 적다 보면 어느 날은 날씨만 가지고 일기를 쓸 수도 있다. 날씨를 자세히 쓰게 하면 관찰력이 늘어나고 표현력 향상에도 좋다.

글감은 가급적 한 개로 잡기

'글감 잡기'는 일기 쓸 때 가장 중요한 단계 중 하나이다. 글감은 한 개를 가지고 쓰는 것이 좋다. 물론 글감 두세 개를 하나의 주제로 묶을 수 있는 능력이 된다면 글감이 여러 개여도 좋다. 하지만 초등학생들은 이런 글쓰기가 어렵고 짧은 일기글로는 표현이 잘 되지 않는다. 때문에 글감은 가급적 한 개로 잡는 것이 좋다. 가장 기억에 남는 일, 남에게 들려주고 싶은 일, 가장 기쁘거나 슬펐던 일 등을 떠올려보고 가장 쓰고 싶은 것을 글감으로 선정하면 된다.

주제가 부각되게 쓰기

글감을 통해 자신이 말하고 싶은 중심 생각이 주제라고 할 수 있다. 좋은 글은 주제가 부각되게 쓴 글이다. 주제가 없는 글은 영혼 없는 글과 같다. 짧은 일기 글이지만 자신이 말하고자 하는 바가 분명히 드러나게 쓰는 습관을 들여야 다른 글을 쓸 때도 주제가 부각되는 글을 잘 쓸 수 있다.

여기서 주의해야 할 점은 주제가 부각되게 쓰는 것은 어른들 글쓰기에서도 결코 쉽지 않다는 사실이다. 주제가 부각되게 글을 쓸 줄 안다는 것은 글쓰기가 어느 정도 경지에 이르렀다고 해도 과언이 아니다. 글을 많이 써봐야 도달할 수 있는 경지이다. 때문에 평소 아이가 일기를 쓸 때는 '이 글을 통해 네가 가장 하고 싶은 말이 뭐니?' 정도의 물음을 통해 주제가 부각되는 글쓰기를 도와주면 좋다.

내용과 관련된 제목 붙이기

아이들 중에는 일기에 제목을 안 쓰는 경우가 많다. 일기 제목은 가게의 간판과도 같다. 제목은 글을 쓰기 전에 쓸 수도 있지만 글을 다 쓰고 적을 수도 있다. 심지어 글 쓰는 중간에 쓸 수도 있다. 제목은 내용을 잘 부각시키거나 글 주제와 관련성이 높게 짓는 것이 좋다. 만약 아이가 제목 붙이기를 어려워한다면 부모가 서너 가지 제목을 만들어준 후 골라보게 하는 방법도 있다.

문장 부호 올바르게 사용하기

문장 부호와 종류는 1학년 때부터 배운다. 하지만 고학년이 되었는데

도 문장 부호를 정확히 사용하지 않는 아이들이 너무 많다. 문장 부호를 제대로 사용하지 않으면 글의 격이 매우 떨어져 보인다. 일기를 쓸 때 문장 부호를 정확하게 사용할 수 있도록 해주는 것이 좋다. 온점(.)을 찍을 곳에 바로 찍게 하고, 물음표(?)와 느낌표(!)를 적절한 곳에 사용할 수 있게 할 필요가 있다. 작은 따옴표와 큰 따옴표를 구별해서 사용할 수 있도록 해야 한다. 어떤 아이들은 말줄임표(……)를 너무 남발하는 경우가 있는데 꼭 필요한 곳만 사용하도록 한다.

표현의 자유 허락하기

부모들이나 교사들 중에 아이들 일기 시작 부분으로 즐겨 사용하는 '나는 오늘' 표현에 민감한 반응을 보이는 경우가 있다. 이런 표현을 쓴다고 큰일나지 않는다. 나중에는 쓰라고 해도 쓰지 않는다. 눈 감아 줘도 된다. 또한 아이들은 일기에도 입말을 많이 쓴다. 일기에는 입말 대신 글말을 써야 하지만, 아이들이 쓰는 입말은 오히려 일기를 생동감 있고 재미있게 하는 요인이 된다. 일기를 쓸 때 표현의 자유에 제약을 두지 않는 것이 아이의 표현력을 높일 수 있다.

띄어쓰기 제대로 하기

띄어쓰기는 어른들도 어려워하는 경우가 많다. 그렇다고 띄어쓰기를 신경 쓰지 않고 쓰면 글이 엉망이 된다. 어떤 아이들은 띄어쓰기를 전혀 하지 않고 모두 붙여 쓰는가 하면, 글자를 모두 띄어 쓰는 아이들도 있다. 처음 글을 쓸 때부터 띄어쓰기를 신경 쓰면서 글을 쓰는 버릇을 들이는 것이 좋다. 띄어쓰기를 의식하면서 쓰다 보면 어느 순간 띄어쓰기를 터득할 수 있다.

문장 간결하게 쓰기

문장은 가급적 간결하게 쓰게 하는 것이 좋다. 중문이나 복문보다는 단문을 쓰면 좋다. 어떤 아이는 일기를 한 문장으로 길게 이어 쓰는 경우도 있다. 간결하게 쓰지 못하는 것은 생각이 너무 많다든지 정리가 되지 않아서이다. 자꾸 문장을 길게 쓰다 보면 나중에는 버릇이 되어서 고치기 힘들어진다. 한 문장이 두 줄을 넘지 않게 쓰는 것이 좋다.

느낌 문장을 많이 쓰기

느낌 문장을 쓴다는 것은 자기의 생각이 있다는 것이다. 하지만 많은 아이들이 일기를 쓸 때 대부분 사실 문장만을 쓴다. 글을 쓰면서 얻을 수 있는 장점 가운데 하나가 사고력이 깊어지는 것이다. 이 장점을 얻기 위해서는 느낌 문장을 쓸 줄 알아야 한다.

고쳐 쓰기 꼭 하기

아이들의 글쓰기 특징을 한 마디로 표현하면 '일필휘지(一筆揮之)'이다. 처음부터 끝까지 단숨에 써 내려가고 절대 다시 읽어보지 않는다. 어떤 프로작가들도 흉내 낼 수 없는 경지이다. 하지만 글은 쓴 다음 반드시 다시 읽어보면서 꼭 '고쳐 쓰기'를 해야 한다.

세계적인 기호학자이면서 소설가로 이름을 날린 이탈리아의 움베르토 에코Umberto Eco는 마음에 드는 어조를 찾아내기 위해 같은 페이지를 수십 번 쓰는 것도 모자라 쓴 문장을 다시 소리 내어 읽어보기도 했다. 움베르토 에코처럼 자신이 쓴 일기를 소리 내어 읽어보면서 고쳐 쓰면 좋다. 가다가 막히거나 걸리는 곳은 표현이 적절하지 않은 곳이다. 나다운 표현이 아닌 것이다.

쓴 일기를 고쳐 쓰거나 다듬을 때는 크게 내용면과 형식면을 살피면서 다듬으면 좋다.

내용

- 자기가 쓰고자 하는 주제가 충분히 드러났는가?
- 표현이 모호한 곳은 없는가?
- 좀 더 자세히 써야 할 곳은 없는가?
- 너무 장황하게 써서 줄여야 할 곳은 없는가?
- 자기의 말로 썼는가?
- 너무 식상한 표현은 없는가?

형식

- 날짜, 날씨 등을 썼는가?
- 문단을 제대로 나눴는가?
- 우리말의 어법에 맞게 썼는가?
- 오탈자는 없는가?
- 띄어쓰기는 제대로 되었는가?
- 글씨를 반듯하게 썼는가?
- 문장부호를 잘못 쓰거나 빼먹지 않았는가?

가장 중요한 문장이나 최고의 문장에 줄 긋기

일기를 쓰는 목적 중 하나가 자신이 쓴 글에 대한 책임감을 높여주기 위해서다. 자신이 내뱉은 말이나 자신이 쓴 글에 대해 책임감을 느끼는 사람이라면 분명 성공한 인생을 살 수 있다. 아이가 쓴 일기에 대해 책임감을 느끼게 하고 '고쳐 쓰기'를 하게 만들 수 있는 방법 중 하나가 가장 중요한 문장이나 최고의 문장에 줄 긋기를 시키는 것이다. 줄을 그을 때는 쓰던 연필로 그을 수도 있지만 색연필이나 눈에 잘 띄는 형광펜을 사용해도 좋다.

자신이 쓴 일기를 읽어보면서 가장 중요한 문장이나 최고로 멋진 문장에 줄을 긋게 하면, 자신의 글을 다시 한 번 읽어보게 하는 효과는 물론이고 자신의 글에 대해 생각해보게 하는 효과가 있다. 아무리 읽어봐도 중요한 문장이나 멋진 문장을 찾을 수 없다면 잘 쓴 글이 아닐 확률이 매우 높다. 반성도 하면서 스스로 고칠 수 있는 계기가 된다. 부모 입장에서는 줄 그은 곳을 유심히 보면서 왜 그었는지를 물을 수가 있다. 아이 나름의 이유를 들어주는 것만으로도 아이에게 긍정적인 피드백이 될 수 있다.

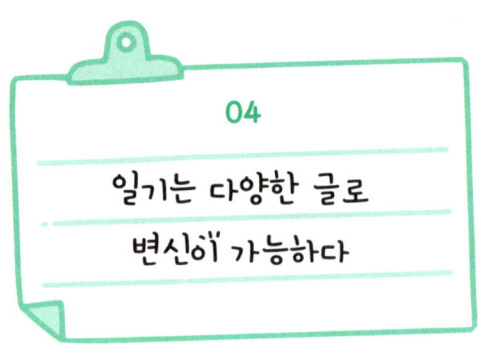

04 일기는 다양한 글로 변신이 가능하다

일기를 쓸 때 매일 같은 형태의 일기만을 쓰면 지겨울 때가 있다. 이럴 때 다양한 형식의 일기를 쓰면 지루하지 않고 다양한 표현력도 키울 수 있어서 좋다.

'일기의 변신은 무죄다.'

일기는 쓰는 사람의 의도에 따라 모든 종류의 글로 변신이 가능하다. 시, 편지, 기행문, 독서 감상문 심지어 만화로도 변신할 수 있다. 일기를 다양한 형태로 변화시켜 썼다고 뭐라고 할 사람은 아무도 없다. 오히려 똑같이 정형화된 생활문 형태로 매번 쓰는 것보다는 자신의 기분, 주제, 상황 등에 따라 다양한 형태로 쓰는 것이 글쓰기의 재미를 배가시킬 수 있고 글쓰기 능력 향상에도 좋다.

일기 종류	내용
하루 일기	학교나 가정 등 일상에서 있었던 가장 기억에 남는 일을 쓴 일기 가장 인상적인 일 한 가지만 골라 써보는 것이 중요하고 사실 나열보다 느낌과 소감을 많이 쓸 수 있도록 지도.
동시 일기	자신의 느낌이나 생각이 잘 드러난 동시 형식으로 쓰는 일기 '파릇파릇', '깡충깡충'과 같은 반복되거나 흉내 내는 말을 사용하면 생동감 있는 동시 일기를 쓸 수 있음.
만화 일기	자신에게 있었던 일을 만화로 표현하는 일기 4컷이나 6컷 정도가 적당하며 그림보다는 말주머니 글에 초점을 맞추는 것이 좋음.
편지 일기	부모님, 선생님, 친구 등 주변 사람들에게 편지 형식으로 쓰는 일기 말로는 직접 하기 어려운 말들을 편지 형식으로 쓰게 하되 편지 일기가 잘 된 경우에는 편지로 직접 보내는 것도 좋은 방법임.
수학 일기	수학 시간에 배운 수학의 개념이나 원리 등을 소개하는 일기 수학 일기를 통해 수학 개념 원리에 대한 깊은 이해분만 아니라 수업 시간에 집중력을 향상시킬 수 있음.
관찰 일기	식물이나 곤충, 동물 등을 자세히 관찰하고 쓰는 일기 글을 읽을 때 대상의 모습이 머릿속에 그려질 수 있는 일기가 잘 쓴 일기로, 가급적 자세히 묘사하는 것이 중요함.
독서 일기	자기가 읽은 책이나 읽고 있는 책에 대한 내용이나 느낌 등을 적는 일기 인상적인 책을 읽게 될 때 쓰는 것이 좋고, 줄거리 위주의 글쓰기보다는 느낌이나 소감 위주의 글쓰기가 바람직함.
체험 일기	현장학습이나 체험 활동을 다녀온 후 그 활동에 대한 느낌이나 소감 등을 적는 일기 체험 내용, 체험할 때 느낌 등이 생생히 드러나게 쓰는 것이 중요함.

감정 사전 일기	자신의 감정을 잘 드러내는 한 단어에 대해 자신의 언어로 정의하고 그 단어를 이용하여 쓰는 일기 자신의 감정을 정확하게 이해하고 표현하는 데 많은 도움을 받을 수 있음.
영어 일기	자신이 경험한 내용을 한글이 아닌 영어로 쓰는 일기 처음부터 일기 전체를 영어로 쓰는 것보다는 처음에는 일부분만 영어로 쓰다가 점점 확대해가는 것이 좋음.

[다양한 형태의 일기]

다양한 형태의 일기 중 아이가 글감이 없어 일기 쓰기를 힘들어 하는 날, 혹은 1주일에 한 번 정도 쓰면 좋을 일기를 소개하고자 한다.

감정 사전 일기

사람이 살아가는 데 가장 중요한 것은 '관계'이다. 관계가 좋으냐 아니냐에 따라 행복한 인생이 되기도 하고 불행한 인생이 되기도 한다. 관계의 핵심에는 '감정'이 있다. 긍정적인 감정이든 부정적인 감정이든 그 감정을 바로 이해하고 적절하게 표현하고 처리하는 것이 중요하다. 하지만 어른들도 이 과정이 미숙한 경우가 많다. 아이들은 말할 것도 없다. 어려서부터 자신의 감정을 잘 들여다볼 줄 알고 그 감정을 표현할 줄 아는 아이는 관계에서 행복을 얻을 확률이 높아진다. 감정 사전 일기는 이 과정을 도와줄 수 있다.

감정 사전 일기는 거창한 게 아니다. 자신이 느끼는 감정 낱말을 하나 적어보고 그 감정 낱말을 사전적인 정의와 함께 나름의 정의를 해보는 것이다. 그리고 그 낱말이 들어간 짧은 글을 적어보면서 그 감정에 대한 이해도를 높이는 것이다.

아이들에게 감정을 나타내는 말(기쁘다, 슬프다, 속상하다 등)을 적어보라고 하면 10개를 넘기는 아이들이 많지 않다. 심지어 어떤 아이들은 5개를 넘기지 못한다. 이런 아이들이 감정 사전 일기를 써보면 자신에 대한 다양한 감정을 이해할 수 있고 잘 표현할 수 있게 된다.

[감정 사전 일기]

감정 낱말 : 속상하다.

사전적 의미 : 마음이 불편하고 우울하다.

나만의 사전 : 내가 문자를 보냈는데 친구가 연락을 안 할 때 느끼는 감정.
            엄마가 동생 편만 들 때 드는 기분

짧은 글 : 쉬는 시간에 친구 OO가 나와 놀기 싫다고 해서 속상했다.

이 일기는 '속상하다'라는 감정 낱말을 가지고 적은 감정 사전 일기이다. 여기서 가장 중요한 것은 그 감정에 대한 '나만의 사전'에 적는 내용이다. 감정 낱말에 대한 사전적 의미를 설명하고 자신이 그 감정 낱말을 어떻게 이해하고 있는지를 보여준다. 이 부분을 읽어보면 아이가 그 감정 낱말에 대해 잘 이해하고 있는지가 드러나고 아이가 미처 말하지 않는 내면의 모습을 들여다볼 수 있다.

[처음 시작하는 감정 사전 일기로 적당한 낱말]

감사하다, 기쁘다, 슬프다, 신난다, 날아갈 듯하다, 속상하다, 억울하다, 우울하다, 답답하다, 따뜻하다, 걱정된다, 화난다, 좋다, 싫다, 못됐다, 기대된다.

감정 낱말은 처음에는 예시처럼 좀 쉬운 낱말로 시작해서 조금씩 어려운 낱말로 나아가면 좋다. 또는 그날 자기감정에 딱 맞는 감정 낱말이 있다면 그 낱말로 시작하면 더욱 좋다.

독서 일기

아이들에게 독서 감상문을 쓰라고 하면 여간 부담스러워하지 않는다. 하지만 일기장에 자신이 읽고 있거나 읽은 책에 대해 간단히 쓰는 '독서 일기'는 큰 부담 없이 쓸 수 있다.

[『꽃들에게 희망을』을 읽으면서]

오늘 『꽃들에게 희망을』 책을 읽다가 감동적이고 인상 깊은 문장을 찾았다.
그건 바로 '너는 아름다운 나비가 될 수 있어'이다. 영어로 하면 'You can be a beautiful butterfly'이다.
그리고 나는 나와 비슷한 생각을 하는 호랑 애벌레의 생각을 읽었는데 이랬다. '그저 먹고 자라는 것만이 삶의 전부는 아닐 거야. 이런 삶과는 다른 무언가가 있을 게 분명해'이다.

『꽃들에게 희망을』에는 이런 좋은 문장들이 많이 나오는 것 같다. 그래서 나는 이 책이 마음에 든다. 앞으로도 이런 문장들을 많이 찾아봐야겠다.

3학년 아이가 『꽃들에게 희망을』이라는 책을 읽어가면서 만난 감동적이고 인상적인 구절을 찾아 소개하는 일기를 썼다. 1주일에 한 번 정도는 이런 독서 일기를 쓰면 읽고 있는 책이나 읽은 책에 대해 자연스럽게 독서 감상문을 적을 수 있어 좋다. 깊이 있는 독서로 유도하는 효과도 있다. 무엇보다 아이가 책읽기에 좀 더 관심을 가질 수 있어 더욱 좋다.

수학 일기

수학 일기는 수학 시간에 배운 중요한 내용을 바탕으로 일기를 쓰는 것이다. 수학에서 가장 중요한 것은 개념과 원리이다. 개념 원리를 이해하고 자신의 말로 표현해보는 공부법은 가장 좋은 수학 공부 방법 중 하나이다. 수학 일기를 쓰면 이런 목적을 자연스럽게 달성할 수 있다. 뿐만 아니라 수학 시간에 배운 내용으로 글을 쓰기 위해서는 수업 시간에 더욱 집중해서 들어야 한다. 일석이조 효과를 얻을 수 있는 것이 바로 수학 일기이다.

제목 : 기발한 우리 선생님

오늘 수학 시간에 직사각형에 대해 배웠다. 나는 직사각형의 변 중 2개는 길고 2개는 짧은 도형인 줄 알았다. 하지만 직사각형은 각 4개가 모두 직각인 사각형인 도형이었다.

그런데 갑자기 선생님이 '은하철도 999'를 틀어주셨다. 그리고 은하철도 999의 '힘차게 달려라 은하철도 999, 힘차게 달려라 은하철도 999, 은하철도 999'를 '네 각이 모두 다 직각인 사각형, 네 각이 모두 다 직각인 사각형, 직사각형이라 합니다'로 편곡했다. 우리는 모두 깔깔거리며 선생님의 노래를 따라 불렀다. 우리 선생님은 정말 기발하신 것 같다. 수학을 노래로 가르칠 생각을 하시니까 말이다.

제목 : 노래 천재 우리 선생님

오늘 수학 시간에 직각삼각형 노래와 직사각형 노래를 배웠다. '은하철도 999' 노래였는데 '힘차게 달려라 은하철도 999(×2)' 그리고 '은하철도 999' 여기 부분을 '네 각이 모두 다 직각인 사각형(×2)' 그리고 '직사각형이라 합니다.' 이렇게 바꿔 부르셨다.

직각삼각형 노래도 배웠는데 '힘차게 달려라 은하철도 999(×2)' 그리고 '은하철도 999' 부분을 '한 각이 직각인 직각인 삼각형(×2)' 그리고 '직각삼각형이라 합니다.' 이렇게 바꿔 부르셨다.

나는 노래를 부르다가 문득 '세 각 중 한 각이 직각인 삼각형(×2)' 그리고

'직각삼각형이라 합니다'가 더 괜찮을 것 같다고 생각했다. 그래서 선생님께 왜 '직각인'이 두 번 들어가냐고 물어봤는데 선생님은 직각을 강조하는 거라고 하셨다. 역시 우리 선생님은 노래 천재다.

3학년 아이들이 쓴 수학 일기이다. 똑같은 수학 시간에 배운 내용으로 일기를 썼는데 글의 전개나 표현이 매우 다르다. 하지만 수학 시간에 배운 중요 내용을 글감으로 하여 구체적으로 잘 썼다. 글로 쓸 줄 아는 지식은 자신이 완전히 이해한 지식이다. 하지만 글로 표현되지 않는 지식은 아직 충분히 이해하지 못했다는 말이다. 수학 일기를 쓰면 배운 개념이나 원리를 확실한 지식으로 만들 수 있다. 이런 식으로 수학 시간에 배운 내용을 수학 일기로 쓰면 글쓰기 실력뿐만 아니라 수학 실력도 눈에 띄게 발전하는 것을 목격할 수 있을 것이다.

글쓰기가 어렵다는 생각부터 바꾸자

"글쓰기가 두려운 까닭은 잘 쓰겠다는 욕심 때문이다."

『대통령의 글쓰기』를 펴낸 작가 강원국의 말이다. 이 말에 대해 전적으로 동감한다. 글쓰기가 너무 어렵다는 생각을 하고, 남의 평가를 의식하면 절대 글을 쓸 수 없다. 그리고 이 생각들은 글을 어렵게 써야 한다는 편견에 사로잡히게도 만든다. 왠지 글을 어렵게 써야 자신이 좀 더 유식해 보이고 뭔가 있는 것처럼 보인다는 생각 때문이다. 하지만 이것은 굉장한 착각이다.

우리가 흔히 착각하는 것 중의 하나가 쉬운 글은 누구나 쓸 수 있는 글이고, 어려운 글은 많이 아는 사람이 쓸 수 있는 글이라는 생각이다. 하지만 글을 못 쓰는 사람일수록 글을 어렵게 쓴다. 아는 게 많아서 어렵게 쓰는 것이 아니라 표현하는 방법을 몰라 어렵게 쓰는 것이다.

쉬운 글을 폄하하고 어렵게 쓴 글을 더 가치 있는 글이라 치부하는 어른들의 잘못된 글쓰기 편견이 아이들의 생각까지 멍들게 한다. 원래 아이들은 글쓰기를 쉽게 하는 존재들이다. 그런데 글쓴이 자신조차도 무슨 말을 썼는지 모르는 어려운 글들을 보면서 자꾸 주눅이 들고, 글은 어렵게 써야 한다는 착각에 빠져들기 시작한다. 이때부터 글쓰기는 점점 어려워진다.

아이들이 쓰는 글은 쉬운 글이다. 쉽게 읽힌다. 자신들이 사용하는 일상적인 말로 글을 쓰고 자신의 감정이나 생각을 여과 없이 그대로 드러냈기 때문이다. 하지만 아이들의 글이 쉽게 쓰고 쉽게 읽힌다고 해서 가치 없는 글로 치부하는 태도는 아이에게 글을 어렵게 쓰라고 종용하는 것과 같다.

아이가 글쓰기가 너무 어렵다는 생각에 사로잡혀 글쓰기를 싫어한다면 이 생각부터 불식시켜줘야 한다. 글은 어렵게 쓰는 것이 잘 쓰는 것이 아니라 쉽게 쓰는 것이 잘 쓰는 것이라 말해줘야 한다. 글을 쓸 때는 엄마 혹은 친한 친구에게 가벼운 마음으로 이야기하듯 쓰는 것이라 말해주어야 한다. 편안하게 이야기하듯 어떻게 하면 상대가 잘 알아듣고 재미있게 들려줄 것인가를 고민하면 좋다고 말해주면 된다. 그러면 아이는 부담감에서 벗어나 글쓰기를 말하기처럼 쉽게 접근할 수 있을 것이다.

부모의 기다림이 필요하다

아이를 망치는 가장 확실한 것이 있다면 아마 부모의 조급증일 것이다. '내 자녀가 남보다 조금이라도 더 잘해야 한다. 그러기 위해 조금이라도 더 일찍 시작해야 한다.' 이런 조급함만 내려놓을 수 있어도 자녀교육의 절반은 성공적이라고 말하고 싶다.

조급하면 타고난 것마저 잃고 만다. 꽃봉오리 찢는다고 꽃이 일찍 피어나지 않는다. 조급함은 일을 그르치는 가장 큰 장애물이다. 글쓰기에서도 조급함처럼 큰 장애물도 없다. 절대 하루아침에 효과를 볼 수 없는 것이 글쓰기이기 때문에 글쓰기에서는 기다림이 필요하다.

중국 극동 지방에서 자생하는 모소 대나무는 다 자라면 15미터가 넘게 자라고, 강한 바람에도 넘어지지 않을 만큼 튼튼하다고 한다. 그런데 모소 대나무는 처음 씨앗을 뿌리는 4년 동안 3cm밖에 자라지 않는다고 한다. 1년에 단 1cm도 자라지 않는 것이다. 하지만 5년째 되는 해부터는 매일 30cm씩 무서운 속도로 자란다고 한다. 불과 몇 주 만에 15미터 이상으로 자란다. 3cm밖에 자라지 못하는 4년의 시간은 땅속 깊은 곳까지 뿌리를 내리는 시간이요, 기다림의 시간이다.

  글쓰기도 마찬가지이다. 모소 대나무처럼 기다림이 필요하다. 글쓰기를 하는 몇 년 동안은 아무런 변화도 없는 것처럼 보일 수 있다. 하지만 조급증을 버리고 기다리다 보면 언젠가는 뛰어난 실력을 갖춘 날이 찾아올 것이다.

  글쓰기는 절대 하루아침에 좋아지지 않는다. 아주 오랜 기다림 끝에 찾아오는 능력이다. 하지만 하루 한 줄이라도 쓰고 있다면 분명 몇 년 후에는 지금보다 훨씬 나아져 있을 것이다.

5장

풍성한 경험을 쌓는
독서 감상문 글쓰기

: 책읽기는 글쓰기의 가장 좋은 재료

독서 감상문이란 책을 읽고 느끼고 생각한 것을 쓰는 글이다. 독서 감상문은 일기만큼이나 아이들의 삶과 밀접한 관련을 맺고 있다. 대부분 초등학교에서 독서 감상문 쓰기 대회가 명칭만 조금씩 다를 뿐 적어도 1년에 한두 번은 꼭 있다. 독서 감상문만 잘 써도 매년 상장을 챙길 수 있으니, 독서 감상문 쓰는 요령을 잘 익혀놓을 필요가 있다.

독서 감상문은 왜 쓰는 것일까? 어른들의 삶도 그렇지만 아이들의 삶도 어른만큼이나 반복된다. 학교 갔다가 학원 한두 군데 들렀다가 집에 와서 숙제하고 자는 생활의 연속이다. 특히 도시에서 사는 아이들의 삶은 시골 아이들의 삶보다 더 단조롭고 똑같은 일상의 연속이다. 이런 생활 속에서 새로운 글감을 발견하고 글을 쓴다는 것은 좀처럼 쉽지 않다.

하지만 책을 읽으면 다양한 경험을 할 수 있다. 주인공이 겪는 사건, 대화,

감정, 환경 등을 통해 간접 경험을 하게 된다. 직접 경험만큼의 자극은 없지만 다양한 삶을 체험할 수 있는 통로가 바로 책읽기이다.

책읽기를 통해 만난 다양한 인물, 사건, 배경, 독특한 표현, 멋진 문장, 수많은 어휘들로부터 아이는 자극을 받게 된다. 자극은 아이에게 생각을 하게 만들고 느낌을 풍성하게 만든다. 만약 책 한 권을 읽고도 아무런 느낌이 없다면 읽을 가치가 없는 책이거나 아이의 감수성이 부족하다는 증거일 수 있다.

책을 읽어가는 풍성한 자극은 글쓰기의 가장 좋은 재료가 된다. 아이가 겪은 생생한 경험이 아니어서 아주 싱싱한 글감은 아닐지 몰라도, 책을 통해 평소에는 거의 생각도 못하고 경험도 못한 다채로운 글감을 꾸릴 수 있다. 책을 읽는다는 것은 이런 다채로운 글감과 만나는 것이다.

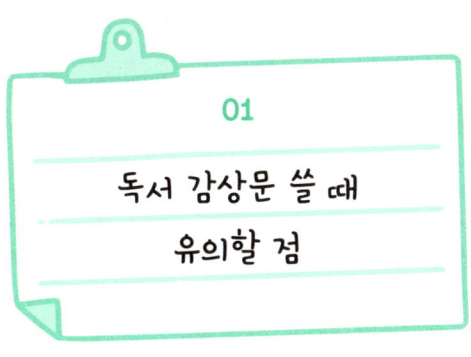

01 독서 감상문 쓸 때 유의할 점

"선생님, 줄거리만 써도 돼요?"

"선생님, 책 보고 써도 돼요?"

"선생님, 꼭 길게 써야 돼요?"

학교 현장에서 아이들에게 독서 감상문을 지도하다 보면 흔히 듣는 질문들이다. 보통 3학년 정도 되면 독서 감상문 쓰기를 시작한다. 그런데 아이들이나 심지어 부모들까지도 중심을 잡지 못하고 무턱대고 독서 감상문을 쓰는 경우가 많다. 그러나 독서 감상문에 대한 분명한 원칙을 가지는 것이 무엇보다 중요하다고 생각한다.

먼저 독서 감상문은 '책을 읽은 사람이 쓰고 책을 읽지 않은 사람이 읽는 글'이라고 생각하면 어떻게 써야 할지 분명해진다. 독서 감상문에서 가장 중요한 것은 '줄거리'와 '느낌'이다. 줄거리와 느낌을 적당히 섞어 써야 한다. 줄거리를 적지 않으면, 읽는 사람이 무슨 말인지 이해가 가지 않을 확률이 높다. 간략하게라도 줄거리를 써주는 것이 바람직하다. 반대로 줄거리만 적고 느낌을 적지 않는다면 독서 요약문은 될지언정 독서 감상문은 아니다. 자신만의 느낌이 없는 독서 감상문은 가치가 없는 글이다. 잘 쓴 독서 감상문은 책의 줄거리와 느낌이 따로국밥이 아닌 비빔밥처럼 절묘하게 섞여 전혀 다른 풍미를 내는 글이다.

독서 감상문도 하나의 완성된 글이다. 글은 누가 뭐래도 자신이 말하고자 하는 '주제'가 있어야 한다. 주제가 없는 글은 영혼 없는 사람과도 비슷하다. 그런데 아이들이 쓴 독서 감상문을 읽다 보면 주제가 없는 독서 감상문이 대부분이다. 처음부터 끝까지 읽어도 독서 감상문을 통해 무엇을 말하려고 하는지 알 수가 없다. 일기가 '글감을 통해 주제를 부각시켜 쓰는 글'이라고 한다면, 독서 감상문은 '자신이 읽은 책을 통해 주제를 부각시켜 쓰는 글'이라 할 수 있다. 주제를 부각시키는 데 가장 좋은 방법은 책과 자신의 경험을 연결시켜 쓰는 것이다. 그래야 독서 감상문의 주제도 잘 부각되고 재미있어진다.

독서 감상문을 작성하기 전에 무엇보다 진지하게 고민해야 할 부분은 내가 이 글을 통해 무엇을 말하려고 하는지, 즉 주제에 대한 고민이다. 주제를 정하지 않고 독서 감상문을 쓰면 독서 감상문이 산으로 갈 수 있다.

일기가 일정한 틀이 없듯이 독서 감상문도 정형화된 틀은 없다. 물 흐르듯이 자연스럽게 쓰면 된다. 그런데 아이들 독서 감상문을 읽다 보면 비슷비슷한 구조를 가지고 똑같은 전개방식으로 쓴 글이 많다. 이런 아이들의 공통점은 대부분 글쓰기 학원에서 훈련을 받았다는 것이다. 물론 독서 감상문에 대한 기본적인 요령은 배워야 하겠지만 정형화된 틀을 가지고 쓰는 독서 감상문은 절대 좋은 글이 되기 어렵다. 남다른 독서 감상문을 쓰게 하는 것은 아이의 깊은 사고력이다. 깊은 사고력은 평소 책을 많이 읽고 생각하는 습관에서 나오는 것이지, 학원을 통해 기를 수 있는 것은 아니다.

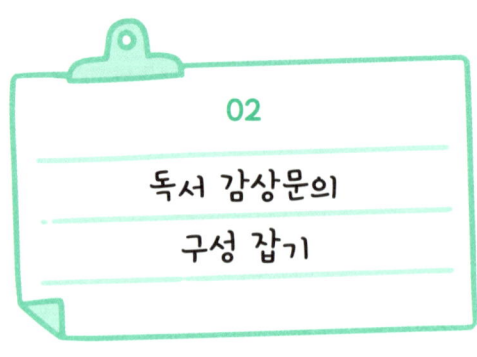

02 독서 감상문의 구성 잡기

무슨 글이든지 글을 쓰기 위해서는 대강의 뼈대를 잡는 '얼개 짜기'를 해야 한다. 자신이 쓸 내용을 정리하면서 정돈된 글을 쓸 수 있고, 자신이 쓰고자 하는 내용을 빼먹지 않고 쓸 수 있다. 무엇보다 틀이 잡힌 글을 쓰기 쉽다. 쓰기 전에 다음과 같은 사항들을 준비하면 좋다.

간단한 책 정보	책 제목, 출판사, 글쓴이, 그린이, 책 읽은 날짜 등 책과 관련한 간략한 정보를 기록한다. 독서 감상문을 쓸 때 사용될 가능성이 높다.
글쓴이	글쓴이에 대한 정보는 책 표지에 소개된 정보 외에도 필요에 따라 추가로 조사하면 좋다. 글쓴이에 대해 많이 알고 있을수록, 작품을 남다른 시각으로 바라볼 수 있고 깊이 이해할 수 있다. 글쓴이가 쓴 다른 작품을 추가로 읽어 보는 것은 글쓴이의 작품 세계를 잘 이해하는 데 매우 큰 도움이 된다.

독서 감상문 제목	독서 감상문을 가장 잘 표현하는 말로 짓되 읽어보고 싶은 매력적인 제목이 좋다. 특별한 제목이 생각나지 않으면 평범하게 '『책 제목』을 읽고'와 같이 표현하면 된다.
동기	책을 읽게 된 동기 등을 글머리 부분에서 밝혀주면 독자의 관심을 유도할 수 있어 좋다. 책을 읽게 된 느낌뿐만 아니라 책을 읽기 전 기대감이나 책을 처음 접했을 때 느낌 등을 쓰면 된다.
독서 감상문 주제	자신이 독서 감상문을 통해 말하고자 하는 중심 생각이다. 책의 주제와 비슷하면 무난하다. 책의 중요한 내용과 연결되고 자신의 독특한 경험과 연결시키면 재미있고 주제가 부각되는 글을 쓸 수 있다.
중요 내용 정리	책의 내용을 아래와 같은 내용 중심으로 간략하게 정리해두면 독서 감상문을 쓰는 데 많은 도움을 받을 수 있다. * 인물 : 주인공, 주변 인물, 좋았던 인물, 싫었던 인물, 응원했던 인물 등등 * 배경 : 책 속의 시간적 배경과 공간적 배경 * 사건(장면) : 가장 기억에 남는 사건, 가장 중요한 사건, 가장 슬펐거나 기뻤던 장면, 가장 재미있었던 장면 * 문장 : 가장 보석 같은 문장, 가장 멋진 문장, 가장 기억하고 싶은 문장이나 대사
줄거리	책의 내용을 간단하게 요약하여 소개하면 된다. 책을 읽고 5문장 정도로 요약해두면 독서 감상문을 쓸 때 인용해서 쓰기 좋다. 줄거리에는 이야기 배경, 중심인물, 중요한 사건, 사건의 해결, 이야기 결말 등이 포함되는 것이 좋다.

감상	독서 감상문의 가장 중요한 부분이다. 책을 읽어가면서 느낌이나 생각 등을 자유로운 형식으로 적으면 된다. 인상 깊었던 내용, 중요한 내용, 재미있었던 내용, 등장인물의 말이나 행동 등에 대한 나의 느낌이나 생각 등을 적는 것이 일반적이다. 감상에는 주제가 잘 드러나야 하고 자신의 경험이나 이야기를 끌어와서 독자로 하여금 이목을 집중시켜야 한다. 감상을 어떤 형식으로 적을 것인가에 따라 독서 감상문이 전체적으로 편지글이 될 수도 있고, 시가 될 수도 있고, 인터뷰 형식의 기사문 등이 될 수도 있다.
뒷부분	감상 부분에 읽고 난 후 느낌이나 소감을 간단히 덧붙이거나 책을 같이 읽고 싶은 사람도 소개하면 좋다. 또한 책을 읽고 난 후 다짐과 더 하고 싶은 이야기 등도 쓰면 된다.

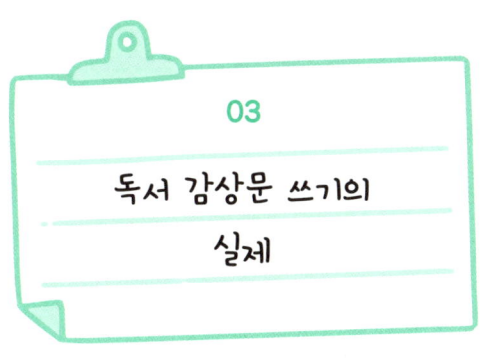

권정생 작가님의 『강아지똥』이란 작품의 독서 감상문을 작성해보고자 한다. 이 작품은 워낙 유명한 작품이고 아이들뿐만 아니라 어른들도 좋아하는 작품이기 때문에 독서 감상문 쓰기를 연습하는 데 도움이 될 것 같아 선정해보았다. 본격적으로 독서 감상문을 쓰기 위해 앞서 소개한 내용을 아래와 같이 작성한다.

간단한 책 정보	책 제목 : 『강아지똥』 출판사 : 길벗어린이 글쓴이 : 권정생 그린이 : 정승각 책 읽은 날짜 : 0000년 0월 0일

글쓴이	권정생(1937-2007) 1937년 일본 도쿄에서 태어났다. 1969년 '강아지똥'으로 '기독교 교육'의 제1회 아동문학상을 받으며 본격적인 작품 활동을 시작했다. 사람들에게 관심을 받지 못하는 작고 보잘것없는 것들에 대한 관심과 애정을 담은 진솔한 작품들을 썼다. 『오소리네 집 꽃밭』, 『황소 아저씨』 등의 작품이 있다.
제목	『강아지똥』을 읽고 동생아, 내가 꽉 껴안아줄게-
동기	동네 도서관에서 책을 고르다가 강아지가 똥을 싸는 겉표지가 재미있어 보여 읽게 됨.
주제	강아지똥이 민들레꽃을 피우기 위해 민들레를 꽉 껴안아주었듯이 나도 동생과 사이좋게 지내기 위해 사랑하며 살아야겠다.
중요 내용 정리	* 인물 : 주인공(강아지똥), 주변 인물(민들레, 흰둥이, 참새, 흙, 병아리, 농부) * 배경 : 어느 가을날부터 봄날까지 시골 골목길 담벼락 구석진 곳 * 사건(장면) : 가장 기억에 남는 사건(강아지똥이 민들레꽃을 피우기 위해 민들레를 꽉 껴안는 장면), 가장 슬펐던 장면(강아지똥이 참새와 병아리 등에게 무시받는 장면), 가장 재미있었던 장면(흰둥이가 담벼락 밑에서 똥을 누는 장면) * 가장 멋진 문장 : 네 몸뚱이를 고스란히 녹여 내 몸 속으로 들어와야 해. 그래야만 별처럼 고운 꽃이 핀단다. (민들레가 강아지똥에게 도움을 청하는 대사)
줄거리	어느 날 시골 골목길 담 밑 구석에 흰둥이 강아지가 똥을 눴다. 강아지똥은 참새, 흙덩이, 병아리 등이 잠시 관심을 가져줬지만 모두 더럽고 냄새나는 똥이라며 무시하며 떠나가버렸다. 어느 봄날 강아지똥 앞에 민들레 싹이 돋아났다. 민들레는 자신이 아름다운 꽃을 피우기 위해서는 강아지똥이 거름이 되어주어야 한다며 도움을 청한다. 강아지똥은 민들레를 위해 자신의 몸을 내어주고 아름다운 민들레꽃을 피운다.

감상	이 책을 읽으면서 특히 감동적이던 장면은, 강아지똥이 민들레꽃을 피우게 도와주기 위해 민들레를 꽉 껴안는 장면이다. 자기 몸뚱이를 고스란히 빗물에 녹이면서 민들레를 위해 꽉 껴안는 장면을 보면서 나도 모르게 눈물이 왈칵 쏟아졌다. 이 장면과 함께 계란프라이 때문에 동생과 싸웠던 일이 생각났다. 엄마한테 혼났었는데 이 책을 읽고 동생에게 미안하다고 말하며 꽉 껴안아주었다.
뒷부분	이 책은 여러 가지를 생각하게 만드는 고마운 책이다. 동생에게 읽어보라고 하고 싶다. 무엇보다 권정생 작가님께 고맙다고 말하고 싶다.

 이 정도 준비를 마치면 독서 감상문의 절반 이상 썼다고 해도 과언은 아니다. 뼈대가 완성되었으니 이것을 가지고 독서 감상문을 작성하면 된다. 독서 감상문을 쓸 때는 내용이 매끄럽게 연결되는 것을 신경 써야 하고, 자신이 생각한 주제가 잘 부각되게 쓰는 것이 중요하다.

『강아지똥』을 읽고

동생아, 내가 꽉 껴안아줄게-

주말이 되면 엄마와 함께 동네에 있는 작은 도서관에서 한두 권씩 책을 빌리곤 한다.

"민철아, 너 이 책 한번 안 읽어볼래? 엄마도 너만 할 때 읽었었는데."

엄마가 불쑥 내민 얄팍한 그림책을 물끄러미 쳐다보았다. 겉표지에 흰 강아지 한 마리가 담벼락 아래서 똥을 누는 장면이 그려져 있었다. 그 그림이 재미있기도 하고 엄마도 어렸을 때 읽었던 책이라는 말에 호기심이 생겨 그 책을 읽게 되었다. 얄팍한 그림책이라 금세 읽었는데 내용은 너무 슬펐다.

어느 날 시골 골목길 담 밑 구석에 흰둥이 강아지가 똥을 눴다. 강아지똥은 참새, 흙덩이, 병아리 등이 잠시 관심을 가져줬지만 모두 더럽고 냄새나는 똥이라며 무시하며 떠나버렸다. 어느 봄날 강아지똥 앞에 민들레 싹이 돋아났다. 민들레는 자신이 아름다운 꽃을 피우기 위해서는 강아지똥이 거름이 되어주어야 한다며 도움을 청한다. 강아지똥은 민들레를 위해 자신의 몸을 내어주고 아름다운 민들레꽃을 피운다.

이 책을 읽으면서 특히 감동이 되었던 장면은 강아지똥이 민들레꽃을 피우게 도와주기 위해 민들레를 꽉 껴안는 장면이다. 자기 몸뚱이를 고스란히 빗물에 녹이면서 민들레를 위해 꽉 껴안는 장면을 보면서 나도 모르게 눈물이 왈칵 쏟아졌다. 참새나 병아리에게 더럽고 냄새난다고 무시당하던 강아지똥이 자기를 희생하면서 민들레를 꽉 껴안아준 것이다. 나는 절대 이렇게 못할 것 같다.

문득 며칠 전에 동생과 싸웠던 일이 떠올랐다. 엄마가 우리 형제에게 간식으로 계란프라이를 해주었는데 하나는 노른자가 터졌고 하나는 터지지 않은 것이었다. 내가 노른자 안 터진 프라이를 먹으려고 하자 동생이 자기가 먹겠다고 하는 것이다. 평소에도 형인 나에게 잘 대드는 동생에게 화가 나서 나는 내가 형이니까 내가 먹겠다고 했다. 이렇게 싸우다가 결국 엄마에게 혼만 났다. 엄마는 우리 형제가 프라이 먹을 자격이 없다며 혼자서 두 개를 다 드셔버렸다. 우리 형제는 졸지에 닭 쫓던 개 신세가 되어버렸다.

이 책을 읽으면서 계란프라이 하나도 양보 못하는 내 자신이 한없이 부끄럽게 느껴졌다. 동생에게 미안한 마음이 들었다. 나도 강아지똥이 민들레를 꽉 껴안아준 것처럼 동생을 한번 안아주고 싶다는 생각이 들었다.

"동생아. 형아가 계란프라이 터진 거 먹으라고 해서 미안해."

이렇게 말하면서 동생을 터질 듯이 꽉 껴안아주었다.

"아니야. 동생이 형한테 대들어서 미안해."

동생도 못 이기는 척 이 말을 하면서 형인 나를 꽉 껴안아주었다. 동생의 사랑이 느껴지면서 기분이 좋았다. 강아지똥이 민들레를 껴안아줄 때 민들레도 이런 기분이었을까?

『강아지똥』 책은 여러 가지를 생각하게 만드는 참 고마운 책이다. 덕분에 동생하고 더 사이가 좋아진 느낌이다. 동생에게도 한번 읽어보라고 하고 싶다. 동생도 이 책을 읽게 되면 우리 형제는 '강아지똥 형제'처럼 사이좋은 형제가 될 것 같다.

권정생 선생님. 이렇게 아름다운 그림책을 써주셔서 감사합니다. 선생님이 쓴 『오소리네 집 꽃밭』, 『황소 아저씨』 등도 꼭 읽어보고 싶습니다.

이 독서 감상문은 『강아지똥』을 읽으면서 기억에 남는 장면 중 가장 감동적이었던 장면과 자신의 경험을 연결시켜 쓴 글이다. 독서 감상문을 쓰는 것에 서툴고 어려워하는 아이라면 앞의 과정을 그대로 따라 한두 번 경험시켜보면 좋다. 이후에 아이가 감동 깊게 읽은 책이 있다면 그 책을 가지고 실제 독서 감상문 쓰기 연습을 해보면 된다.

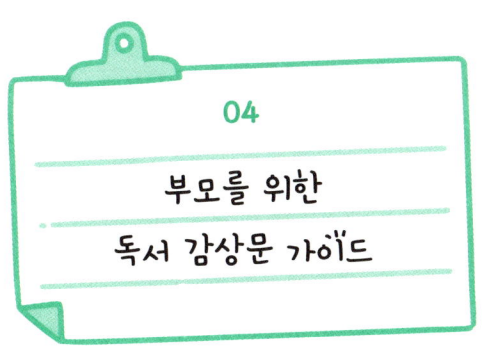

부모들이 초등학생 자녀를 지도하는 데 있어 가장 난감하게 생각하는 분야가 아마 글쓰기가 아닐까 싶다. 왜냐하면 부모조차도 글쓰기가 어렵다고 생각하는데 글쓰기를 봐준다는 것이 여간 어려운 일이 아니다. 하지만 부모가 피아노를 못 친다고 아이의 피아노 치기를 봐줄 수 없는 것은 아니다. 아이가 피아노를 치고 싶게 만들고 피아노를 칠 수 있는 여건을 마련해주는 것은 부모의 몫이다. 마찬가지로 독서 감상문 쓰기도 이런 식의 접근법을 생각하면 한결 쉬워진다. 아이가 독서 감상문을 잘 쓰도록 다음 몇 가지 원칙을 제안하고 싶다.

책에 대해 이야기를 나누는 것이 독서 감상문의 시작이다

독서 감상문 쓰기에서 가장 중요한 것은 독서 감상문이 어려운 것이 아니라 자연스럽고 쉬운 것이라는 생각이 들게 만드는 것이다. 아이들이 독서 감상문을 어렵게 생각하는 가장 큰 이유는 글로 쓰기 때문일 것이다. 평소에는 재잘거리며 말을 잘하던 아이도 글을 쓰라면 얼음이 되는 경우를 많이 보게 된다. 이런 아이들은 기본적으로 말과 글이 자신의 생각이나 마음을 표현하는 도구라는 사실을 잘 몰라서 그렇다. 말을 잘하는 아이는 글도 잘 쓸 수 있다. 글쓰기를 말하기처럼 자연스럽게 쓰면 된다.

  독서 감상문은 누군가에게 책에 대해 말해주는 것이라고 생각하면 쓰기가 쉬워진다. 아이들은 말하기를 좋아하기 때문에 이 방법으로 쉽게 독서 감상문에 접근할 수 있다. 이야기 속의 주인공과 대화를 나눈다든지, 친구나 선생님에게 읽은 책을 소개한다든지, 자신이 기르는 반려동물에게 책을 읽어주거나 책에 대해 이야기를 나누는 것 등이 독서 감상문의 모태가 될 수 있는 것이다. 특히 부모와 짬짬이 읽고 있는 책에 대해 대화를 나눠보는 것은 그 자체가 말로 쓰는 독서 감상문이 될 수 있다. 독서 감상문을 제대로 쓰게 하고 싶다면 손으로 쓰기 전에 꼭 입으로 쓰기를 먼저 시키는 것이 좋다.

책을 고르는 몇 가지 조건

좋은 음식을 만들기 위해 가장 중요한 것이 좋은 재료를 선택해야 하는 것이듯 독서 감상문을 쓸 때 가장 중요한 요소 중에 하나가 좋은 책을 선정하는 것이다. 변변치 않은 책을 읽고 좋은 독서 감상문을 쓰겠다는 것은 변변치 않은 식재료로 좋은 요리를 만들겠다고 하는 것과 같다.

독서 감상문을 쓸 책은 몇 가지 조건을 갖춰야 한다. 먼저 아이가 흥미를 느끼고 좋아하는 책이어야 한다. 아이가 흥미도 느끼지 못하는 책을 부모가 강요해서 쓰는 독서 감상문이라면 보나마나 읽을 가치도 없는 글일 것이다. 아이가 흥미를 느끼되 잘 알려진 책이 독서 감상문을 연습하는 데 더 좋다. 잘 알려진 스테디셀러들은 다 이유가 있다. 책이 전하는 메시지가 특별하거나 내용에 깊이가 남다르고 격조가 있고 교양 있는 단어들로 이루어진 경우가 많다. 잘 알려진 책으로 독서 감상문을 쓰다 보면 책에 대한 이해력과 해석이 남달라지는데 이는 학교에서 공부 시간이나 대화 시 자연스럽게 표출될 확률이 높아진다.

독서 감상문으로 쓸 책은 아이가 읽는 것만으로 끝내지 말고 다양한 책읽기를 시도해서 책에 대한 흥미와 이해를 깊게 해주는 것이 좋다. 책을 구연동화식으로 실감나게 읽어주기, 아이와 한 쪽씩 번갈아가며 나누어 읽기, 책을 다 읽어준 후 아이와 뒷이야기를 나누어보기 등은 좋은 방법이 될 수 있다. 이런 과정을 통해 줄거리를 정확히 파악할 수 있다.

독서 감상문 쓰기를 주기적으로 해본다

글을 전문적으로 쓰는 작가들조차도 원고 마감 시한을 넘겨 독촉을 받는 경우가 허다하다. 그런데 이것을 이렇게 해석할 수도 있다. 작가들도 마감이 없으면 글을 쓰지 않는다는 것이다. 뚜렷한 목적의식과 계획이 없으면 좀처럼 하지 않는 것이 글쓰기이다. 독서 감상문 쓰기도 '네가 쓰고 싶을 때 써라'라고 하면 아마 1년에 한 번도 안 쓸 것이 분명하다. 아이와 사전 협의하여 독서 감상문을 주기적으로 쓰는 것이 좋다.

한 달에 한 번 정도가 적당하다. 매달 특정한 날을 정해서 한 달 동안 자신이 읽은 책 가운데서 가장 기억에 남거나 독서 감상문을 쓰고 싶은 책을 한 권 골라 써보면 좋다.

학년별로 독서 감상문의 주안점을 달리한다

저학년 때는 독서 감상문의 입문기이기 때문에 무엇보다 흥미와 재미를 느끼게 해주어야 한다. 처음부터 독서 감상문의 형식을 갖춰 글을 쓰게 하면 십중팔구 아이는 독서 감상문 쓰는 것을 싫어하게 된다. 책을 한 권 읽고 간략하게 한 줄 소감을 써본다든지, 가장 감동적이거나 생각나는 장면을 그려보게 하고 한 줄 쓰기를 해보는 것도 저학년에 맞는 독서 감상문 쓰기라고 할 수 있다. 또한 아이가 읽은 책에 대해 간단하게 이야기를 나누고, 지금 나눈 대화를 글로 쓰면 독서 감상문이 된다고 말해주는 것도 좋은 방법이 될 수 있다.

중학년 때는 작품의 줄거리나 주제를 정확하게 파악하고 독서 감상문을 쓰는 것에 중점을 두는 것이 좋다. 그리고 책을 잘 파악하기 위해서 가장 좋은 방법은 반복 읽기이다. 독후 감상문을 쓸 작품이라면 최소 3번 정도는 읽고 독후 감상문을 적는 것이 바람직하다.

고학년 때는 독서 감상문의 형식뿐만 아니라 글 전개의 논리성이 잘 드러나게 써야 한다. 줄거리를 요약하는 것은 말할 것도 없고, 자신의 소감이나 느낀 점 또는 깨달은 점 등을 쓸 때도 이유나 까닭 등이 정확하게 드러나는 글을 쓰는 것이 좋다.

아이다운 글을 인정해주자

아이들에게 어른들이 쓴 명문을 보여주고 여러분도 이렇게 글을 써보라고 하면 어떤 일이 벌어질까? 대다수 아이들은 머뭇거리면서 한 줄도 못 쓸 것이다.

아이들의 글 세계와 어른들의 글 세계는 아주 다르다. 마치 아이들의 삶과 어른들의 삶의 모습이 다른 것처럼 말이다. 아이는 아이들의 글을 써야 하고, 어른은 어른들의 글을 써야 한다. 그래야 글이 멋있어 보이고 감동도 있는 법이다.

그런데 현실은 그렇지 않다. 아이들은 어른들의 글을 모방해서 쓰기 바쁘다. 아이들이 보는 글의 대부분이 어른들의 글이거나 어른들의 글을 흉내 낸 글들이기 때문이다.

아이들은 부모나 어른들로부터 인정과 칭찬을 받고 싶어 하는 존재들이다. 그 욕망이 어른보다 더 강하다. 거짓 없이 또래들의 말로 표현한 자신들의 글은 폄하되고 유치하게 평가된다.

아이들은 아이다울 때 가장 멋스럽다. 이런 아이들에게 어른들의 작품을 보여주면서 이렇게 글을 써야 한다고 강요하지 않았으면 좋겠다. 이런 강요 자체가 아이들을 주눅 들게 하고, 너희들의 글은 유치하고 볼품없는 글이라고 세뇌시키는 것과 다름없다.

아이들에게는 어른들의 흉내를 내지 않은, 아이들이 직접 쓴 작품을 많이 읽히는 것이 좋다. 이런 작품을 읽을 때 글쓰기에 대해 자신감을 가질 수 있고, 더 나아가 자신의 삶에 대한 자신감을 가질 수 있다. 이런 자신감이 자기표현의 욕구를 자극할 수 있는 것이다.

아이는 절대 억지로 쓸 수 없다

뭘 좀 아는 부모들이 아이 스케줄 중에 꼭 챙기는 것이 바로 '책읽기'이다. 책읽기는 어휘력, 이해력, 배경지식, 상상력, 창의력, 문제해결력 등 말할 수 없이 많은 능력을 끌어당기는 자석과도 같다. 공부는 책읽기 그 이상도 그 이하도 아니다. 책 잘 읽는 아이가 공부 잘하는 아이라고는 할 수 없지만, 책을 안 읽는 아이는 공부를 못하는 아이 내지는 공부 못할 아이라고 말하고 싶다. 그래서인지 많은 부모들이 자녀에게 책을 많이 읽히고 있다. 하루에 두 시간 이상 혹은 매일 책 한두 권씩을 꼬박꼬박 읽히는 부모들을 주변에서 흔하게 볼 수 있다. '책은 많이 읽을수록 좋다'라는 생각에서 나온 발상이다.

문제는 이런 발상을 글쓰기에도 똑같이 적용하려고 한다는 점이다. '글쓰기는 많이 써볼수록 좋다'라는 생각에 아이에게 글쓰기를 강요하는 것이다. 시중에 글쓰기와 관련된 많은 책들 중에는 매일 글쓰기를 강조하는 책들이 많이 나와 있다. 이런 책들의 논리는 글은 많이 써본 사람이 잘 쓰니 자주, 많이 써봐야 한다는 것이다. 글을 쓰는 사람으로서 이 말이 전적으로 맞다고 생각한다. 단, 이 논리는 글을 쓰고 싶어 하는 사람들에게 한정된 말이다.

강요해서 되는 것이 있고 되지 않는 것이 있다고 생각한다. 수학 공부나 영어 공부는 어느 정도 강요로 잘하게 할 수도 있다고 본다. 하지만 글쓰기만큼은 절대 강요로 잘할 수 있는 것이 아니다. 글쓰기는 철저하게 자신이 하고 싶어야 할 수 있는 활동이다. 생각의 저수지에 물이 고이지도 않았는데, 그 생각을 퍼내라고 한다면 흙탕물만 일어날 뿐이다. 생각의 저수지에 물이 차고 넘치면 쓰지 말라고 해도 쓰고 싶어 하는 것이 인간이다.

글쓰기를 책읽기처럼 몰아가지 않으면 좋겠다. 책읽기는 아무리 부모가 몰아세워도 아이에게 빠져나갈 숨구멍이 있기 마련이다. 책을 자세히 읽지 않았어도 읽었다고 말할 수 있는 여지라도 있다. 그런데 글쓰기는 어떨까? 너무나도 명백한 증거물이 남기에 이건 빼도 박도 못한다. 아이 입장에서는 숨조차 제대로 쉴 수 없는 것이 바로 글쓰기이다. 어렸을 때 글쓰기를 강요당하는 아이는 글쓰기를 좋아할 수 없는 인생을 살게 될 것이다.

6장

생각의 틀을 잡아주는 논술 글쓰기

: 논리적으로 생각을 표현하는 훈련

논술 글쓰기는 아이들이 가장 어렵게 생각하고 부담스럽게 생각하는 글쓰기 중 하나이다. 아이들의 발달 단계적인 문제도 있겠지만 우리 사회의 전체적인 분위기가 합리적이거나 논리적이지 못한 이유가 더 큰 것 같다. 아직도 목소리 큰 사람이 이기고, 법보다 주먹이 이기는 사회를 벗어나지 못하는 듯하다. 또한 무엇인가를 꼬치꼬치 따지는 것을 안 좋은 것으로 치부하는 경향이 있다. 이런 문화들이 우리 사회에서 논술이나 토론과 같은 문화를 꽃피우지 못하게 한 이유일 것이다.

하지만 이런 우리 사회도 점점 논리적으로 말하고 표현하는 것을 중시하는 사회로 변해가고 있다. 아무리 나이가 많고 높은 자리에 있는 사람이 말해도 논리적으로 빈약하면 '꼰대' 소리를 듣는 사회가 되어가고 있는 것이다. 아이들이 앞으로 살아갈 세상은 더욱 그럴 것이다. 어려서부터 자신의 생각이나 의견을 논리적으로 표현하는 훈련이 필요하다.

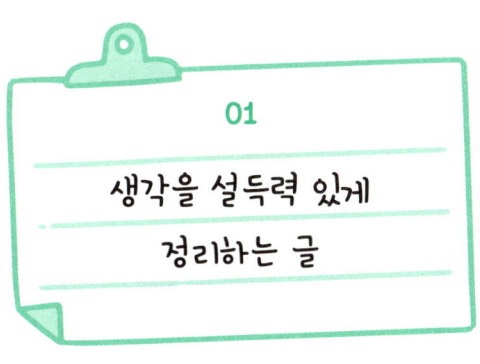

01 생각을 설득력 있게 정리하는 글

논술이라는 말이 가장 많이 사용되는 곳은 아마 대학 입시에서 '논술 전형'이라는 말과 사교육 시장에서 '논술학원'이라는 말이 아닐까 싶다. 논술(論述)이란 자신의 생각이나 의견을 논리적으로 조리 있게 서술하는 것을 말한다. 논술과 비슷한 의미로 주장하는 글, 논설문과 같은 말들이 혼재되어 쓰이고 있다.

논술은 논리적으로 서술하는 글을 통칭하는 말로, 주장하는 글이나 논설문보다 좀 더 넓은 의미를 지니고 있다. 주장하는 글이나 논설문은 설득을 목적으로 하지만 논술은 설득뿐만 아니라 정보나 친교를 목적으로 하는 논리적인 글을 모두 포함한다.

주장하는 글은 초등학교에서 주로 사용하는 말로서 논설문, 논리적 편지, 논리적 일기 등의 장르들을 포함하는 글을 말한다. 설득을 목적으로 쓰는 글이긴 하지만 논설문보다는 형식적으로 자유롭다.

논설문은 논리적인 글을 대표하는 장르이다. 가장 엄격한 논리를 요구하는데, 논설문을 제대로 쓰기 위해서는 다양한 논증 방법에 대해 많은 훈련이 필요하다. 논술이나 주장하는 글에 비해 좀 더 전문가 영역에 속하는 글이라 할 수 있다.

논술은 생각이나 의견을 논리적으로 써야 하는 글이기 때문에 개인적인 경험이나 느낌을 주로 쓰는 생활문과는 결이 많이 다르다. 생활문은 자기만의 기록이기 때문에 다소 비논리적이고 감정적으로 치우쳐 글을 써도 괜찮다. 하지만 논술은 다르다. 논술은 상대방에게 내 의견과 생각을 설득력 있게 전하는 것이 목적이기 때문에 논리적이고 객관적으로 써야 한다. 또한 생활문은 자신이 체험하거나 관심을 가진 것을 쓰면 되지만 논술은 공동의 관심사를 글감으로 쓰는 것이 일반적이다.

하지만 논술도 여러 글쓰기 가운데 하나일 뿐이다. 특별하고 대단한 것이 아니다. 오히려 일반 글을 잘 쓰는 아이는 논술도 어렵지 않게 잘 쓴다. 하지만 논술을 잘하기 위해 논술만 쓴 아이는 오히려 다른 일반 글을 쓰기 어려워하기도 한다. 결국 조금만 깊이 들어가면, 다양하게 생각할 줄 알고 많이 써본 아이가 논술도 잘 쓴다. 아이들이 비교적 쉽게 생각하는 일기나 독서 감상문 등을 충분히 써보게 한 후 논술을 시작하는 것이 좋다.

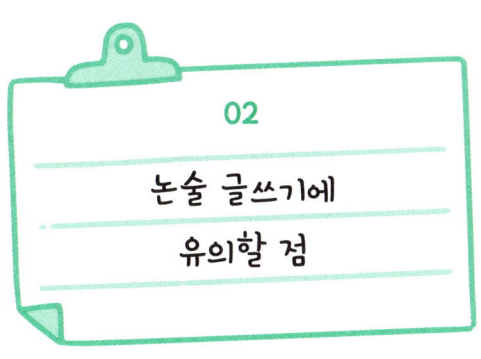

이야기 글을 잘 쓰기는 매우 어렵다. 정말 잘 쓰는 사람과 그렇지 않은 사람의 격차가 끝도 없이 벌어진다. 하지만 논술 글은 그렇지 않다. 어느 정도 형식만 지켜서 쓰면 이야기 글처럼 그 격차가 크게 벌어지지 않는다. 논술 글을 쓸 때 몇 가지 유의점을 지키면서 쓰면 오히려 생활문이나 이야기 글보다 쉽게 접근할 수 있다.

아이의 삶과 밀접한 논술 주제를 선택한다

교과서에 등장하는 논술 글들은 글의 형식적인 면은 아주 바람직하지만 아쉽게도 글의 주제는 아이들의 관심을 끌 만한 것들이 아니다. 세계 평화, 남북통일, 지구 환경 같은 주제들은 가치가 있는 주제들이기는 하지만 아이들과는 좀 동떨어진 주제이다. 이런 주제들보다는 또래 문화, 교우 관계 등과 같이 아이들의 삶과 밀접한 관련이 있는 주제가 훨씬 글을 쓰고 싶게 만든다. 초등학생 논술 주제는 아이들의 생활과 직접적인 관련이 있는 주제를 다루는 것이 좋다.

간단한 논술 글을 통해 논리 전개 방식을 익힌다

아이들이 논술 글쓰기를 가장 힘들어하는 이유는 논술 글의 구조나 논리 전개 방법을 잘 모르고 익숙하지 않기 때문이다. 논술은 자기주장이 있고, 그 주장에 대한 근거를 제시하고, 그 근거를 뒷받침할 수 있는 보조 근거를 제시하고 마지막으로 자신이 주장한 것을 정리하거나 재주장을 하면 된다. 어찌 보면 굉장히 단순한 것 같은데 아이들은 어려워한다.

이를 극복할 수 있는 가장 좋은 방법은 모범이 될 만한 짧은 논술 글을 반복해서 읽게 하는 것이다. 한두 번 읽는 것이 아니고 수십 번을 읽고 달달 외울 정도로 반복해서 읽는다. 이런 과정을 거치면 아이가 거의 글을 외우게 된다. 이렇게 되면 이후에 논술 글쓰기가 쉬워진다. 왜냐하면 하나의 완벽한 논술 글을 통해 논리 전개 방법을 익혔기에 내용만 바꾸면 되기 때문이다.

잘된 논술 글을 보고 베껴 써본다

요리를 잘하기 위해서는 처음에는 레시피를 찾아 따라서 만들어보는 것이 좋다. 레시피대로 몇 번 해보면 익숙해지고 자기만의 레시피가 추가되면 자기만의 맛이 나기 시작한다. 잘 써진 논술 글을 한번 베껴 써보는 것이 많은 도움이 된다. 국어 교과서나 국어 활동 책에 등장하는 논술 글들을 참고하면 좋다.

자료 조사를 많이 한다

"나는 많은 정보와 사실을 논리적으로 질서정연하게 배열한 것이 잘 쓴 글이라고 생각합니다. 정보와 사실이 많고 그것이 정확해야 하고, 그 배열이 논리적이고 합리적이어야 되는 것이죠. 나는 그런 글이 뛰어난 글이라고 생각합니다."

소설가 김훈이 한 말이다. 김훈 씨 주장과 같이 정보와 사실이 많고 정확한 글을 쓰기 위해서는 자료 조사를 많이 해야 한다. 논술 글을 잘 쓰기 위해서는 자료 조사가 필수이다. 자신이 주장하고자 하는 바를 근거로 들어야 하기 때문이다. 논술 글에는 미사여구가 별로 필요 없다. 사람들이 감동하는 것은 미사여구가 아니다. 진지하게 정보와 사실을 찾아 고민하고, 그것을 솔직담백하게 쓴 것에 감동한다. 포장보다는 내용물에 관심이 많다. 먼저 정확하고 많은 자료를 모으는 게 좋은 논술 글을 쓰는 지름길이다.

두괄식 문단을 쓴다

논설문에서 주장하는 문단을 쓸 때 가급적 두괄식으로 하는 것이 좋다. 자기주장을 먼저 하고 주장을 뒷받침하는 문장을 쓰는 형식이 아이들에게는 좀 더 쉽다. 실제로 어른들이 쓸 때도 두괄식 문단을 선호한다.

같은 주제를 찬성으로 한 번 써보고, 반대로도 한 번 써보라

논리적으로 쓴 글은 허점이 없어야 한다. 이 허점을 발견하고 메우는 가장 좋은 방법은 한 가지 주제에 대해 찬성으로 한 번 써보고, 반대로도 한 번 써보는 방법이다. 상대방의 입장에서 써보면 자신의 논리에서 허점을 발견하는 데 큰 도움이 된다. 또한 상대의 어디를 파고들어야 할지 찾아내는 데 도움이 된다.

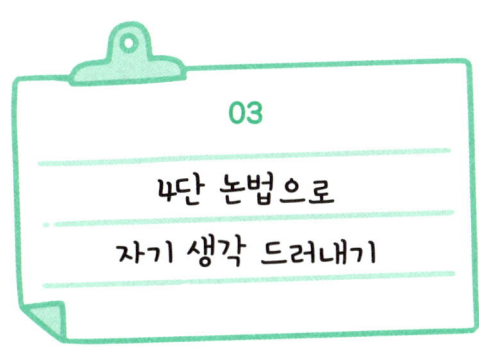

03 4단 논법으로 자기 생각 드러내기

"아빠가 좋은 사람 손 한번 들어볼래요?"

교사의 이 질문에 적잖은 아이들이 손을 든다. 손을 든 아이들에게 왜 좋으냐고 물으니 이렇게 말한다.

"그냥요."

"아빠니까요."

이런 상황은 저학년뿐만 아니라 고학년에서도 자주 연출된다. '그냥요' 혹은 '아빠니까요'와 같은 답변은 일상 대화에서는 가능한 표현일지 몰라도 논술 글쓰기에는 전혀 도움이 되지 않는다. 이런 비논리적인 사고를 가진 아이들은 논술이 한없이 어렵게만 느껴질 것이다.

논술에서 가장 중요한 것은 자신의 주장을 전개해가는 논리이다. 많은 아이들이 주장은 있지만 논거가 없기 때문에 논리가 허술한 글을 쓰기도 하고, 쓸 말이 없어서 계속 주장만 중언부언하는 글을 쓰기도 한다.

평소 글을 쓸 때 혹은 말을 할 때 자기 생각이나 의견이 분명히 드러나게 표현하는 습관을 들이면 논술 글쓰기에 많은 도움이 된다. 자기 생각이 분명히 드러나는 글은 '생각, 까닭, 사실'이 드러나는 문장을 말한다. 예를 들어 앞서 아빠를 좋아한다는 자신의 생각을 쓴다면 다음과 같은 내용으로 쓰면 된다.

- 생각 : 나는 아빠를 좋아한다.
- 까닭 : 아빠는 나에게 다정하게 대해주시기 때문이다.
- 사실 : 아빠는 친구처럼 다정하게 말씀하신다. 아빠는 내 연필도 깎아주신다. 아빠는 학교 숙제도 잘 도와주신다.

이렇게 '생각, 까닭, 사실'이 드러나는 문장을 쓰면 논술 글쓰기를 할 때 논리적인 글쓰기가 매우 쉬워진다. '생각, 까닭, 사실'을 그대로 쓰면 자신의 주장과 논거가 담긴 논리적인 글이 되기 때문이다.

나는 아빠를 좋아한다. 왜냐하면 아빠는 나에게 다정하게 대해주시기 때문이다. 아빠는 친구처럼 다정하게 말씀해주시기도 하고, 가끔 내 연필을 깎아주시기도 하고, 학교 숙제도 잘 도와주신다. 나는 이런 아빠가 참 좋다.

'생각, 까닭, 사실'을 그대로 옮겨 적은 것에 불과하지만 한 개의 논리적인 문단이 완성되었다. 이런 문단이 서너 개 모이면 하나의 그럴듯한 논술 글이 될 수 있다.

'생각, 까닭, 사실'로 표현하는 것이 쉬워 보이지만 고학년 중에도 어려워하는 아이들이 많다. 특히 까닭과 사실의 구분을 잘 못한다든지, 까닭에 어울리지 않는 사실을 열거하는 경우가 많다. 이를 고치기 위해서는 평소 일기를 쓴다든지 말을 할 때 자신의 주장이나 생각을 '생각, 까닭, 사실'로 나눠서 표현하는 습관이 중요하다.

논리적 글쓰기 중에 '4단 논법'이라는 것이 있는데, 이는 별다른 것이 아니라 '생각, 까닭, 사실'을 좀 더 발전시킨 글쓰기 방법이다. 4단 논법은 '의견 주장(Opinion) → 이유나 근거(Reason) → 사례나 예시(Example) → 의견 강조(Opinion)'를 말한다. 앞 글자를 따서 오레오(Opinion, Reason, Example, Opinion)라고 부르기도 하는데, 하버드에서 글쓰기를 할 때 가르치는 방법이라 하여 하버드 글쓰기로도 유명하다.

4단 논법 글쓰기는 '생각, 까닭, 사실' 마지막에 자신의 생각을 재강조한 점이 다를 뿐 나머지는 똑같다. 4단 논법으로 표현하면 좀 더 자신의 생각이나 의견을 강하고 효과적으로 주장할 수 있다.

4단 논법 단계	주장 예시 1	주장 예시 2
의견 주장(Opinion)	스마트폰 바꿔주세요.	치킨 시켜주세요.
이유나 근거 (Reason)	왜냐하면, 너무 오래 사용해서 배터리도 너무 빨리 방전되고, 사진 해상도도 너무 낮고, 속도도 너무 느린 것 같아요.	왜냐하면, 치킨 먹은 지가 너무 오래되었거든요.
사례나 예시 (Example)	며칠 전에 수업 시간에 스마트폰을 활용하여 자료 검색하는데 검색 속도가 너무 느렸고, 배터리가 방전되어서 애를 먹었단 말이에요.	예전에는 최소 1주일에 한 번은 먹었는데 최근에는 한 달이 지나도록 한 번도 못 먹었단 말이에요. 지금 치킨을 먹으면 매우 행복할 것 같아요.
의견 강조 (Opinion)	그러니까 새 것으로 바꿔주세요. 가급적 새로 나온 OO폰이 좋은 것 같아요. 배터리 수명이 오래가고 사진 해상도도 좋고 속도도 엄청 빠르거든요.	그러니까 치킨 시켜주세요. 오늘은 양념 치킨보다는 프라이드 치킨이 더 땡기니까 프라이드로 시켜주세요.

국어 교과서에 등장하는 글들을 유심히 살펴보면 많은 경우 4단 논법의 형태를 띠고 있다는 사실을 금세 알 수 있다. 4단 논법 글쓰기가 익숙해지면 어떤 글보다 논술 글쓰기가 쉬워진다. 논술 글쓰기는 논리를 펼쳐가는 방법을 배우면 되는데 4단 논법이 해결책이 될 수 있다.

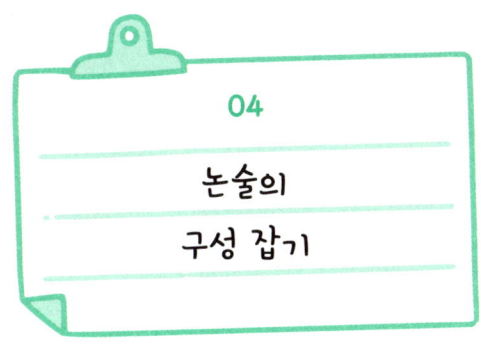

04 논술의 구성 잡기

모든 글에는 처음, 가운데, 끝이 있기 마련이다. 이야기 글 같은 경우도 처음, 가운데, 끝은 있기 마련이지만 잘 쓴 글일수록 구분이 모호하다. 하지만 논술은 정반대이다. 처음, 가운데, 끝의 구분이 유독 명확한 글이 논술이다.

논술에서 글의 처음은 서론, 가운데는 본론, 끝은 결론이라 부른다. 논술을 잘하기 위해서는 서론, 본론, 결론이 어떻게 구성되어 있고, 각각이 어떤 역할을 하는지 정확히 알고 있어야 한다.

관심을 끄는 서론 쓰기

논술에서 서론의 역할은 관심 끌기, 문제 제기, 진술 방향 제시 등 크게 세 가지이다. 자신의 의견이나 논제에 대해 독자의 관심을 끌어들이고, 내가 다루고자 하는 문제가 무엇인지를 분명히 밝히고, 내가 이 글을 어떻게 이끌어갈 것인지를 밝히는 것이다. 좋은 서론은 이 세 가지가 직간접적으로 포함되거나 언급되는 것이 바람직하다.

논술에서 가장 중요한 부분은 물론 본론이다. 서론은 그 본론까지 안내하는 안내자 역할을 하고, 독자가 본론까지 읽어갈 수 있도록 시선을 끌어주는 역할을 해야 한다. 서론이 허술하고 관심을 끌지 못하면 독자는 본론까지 가는 것을 포기해버리고 시선을 돌려버린다. 이런 측면에서 볼 때 본론 없는 서론은 있을 수 있어도, 서론 없는 본론은 있을 수 없다.

독자의 시선을 사로잡기 위해 일반적으로 많이 쓰는 서론 쓰기 방법을 몇 가지 소개하고자 한다. 이해를 돕기 위해 '좋은 습관을 기르자'라는 주장으로 글을 쓴다고 가정해서 서론 쓰기 방법을 소개해보기로 한다.

개념의 풀이나 정의로 시작하기

내가 진술하고자 하는 중요 어휘의 정의나 해석으로 시작하는 방식이다. 이 글에서 가장 중요한 내용이 무엇인지 밝힐 수 있고, 내가 무엇에 대해 글을 쓰려고 하는지 독자에게 분명히 각인시킬 수 있다.

습관이란 어떤 행동을 오랫동안 되풀이하면서 저절로 몸에 익은 행동을 말한다. 예를 들어 꾸준히 일기를 쓴다든가 말을 바르고 곱게 하는 것, 몸을 깨끗이 잘 씻는 것 따위는 작지만 좋은 습관이다.

생활 경험담으로 시작하기

논제와 관련된 나의 생활 경험담으로 글을 시작하는 방법이다. 생활 경험담이 논제와 부합하고 독자의 관심을 끌 만큼 신선하거나 재미가 있다면 더욱 좋다. 초등생들이 가장 쉽게 사용할 수 있고 권장할 만한 시작법이다.

> 지난 토요일에 나와 엄마는 성남 이모 집에 놀러 갔다.
> "이모, 이모부 안녕하세요. 오랜만에 봬요."
> "OOO야. 안녕. 너는 어쩌면 그렇게 인사를 잘하니?"
> 나는 속으로 무척 기분이 좋았다. 그러면서 '습관의 중요성'을 다시 한 번 생각해보는 계기가 되었다. 나는 작년까지만 해도 인사를 잘 안 하던 아이였다. 하지만 습관의 중요성을 깨달은 이후 나는 인사 잘하는 아이로 바뀌었다.

속담, 격언, 표어 등의 인용으로 시작하기

속담, 격언, 표어 등을 인용해서 시작하는 방법이다. 속담, 격언, 표어 등은 짧은 문구 속에 주제가 명확히 담겨 있어 독자의 시선을 끄는 데 적당하다.

'세 살 버릇이 여든까지 간다'라는 속담이 있다. 이 속담은 어려서 몸에 밴 습관이 죽을 때까지 간다는 말로 습관의 중요성을 우리에게 말해준다.

시사적인 내용으로 시작하기

논술은 시사적인 논제가 많다. 이런 논술에서는 시사적인 문제를 끌어와서 시작하면 독자의 관심을 유발할 수 있다. 특히 사회적으로 큰 이슈가 되고 있는 것일수록 효과가 좋다.

> 코로나19가 우리나라에 퍼지기 시작한 지 1년이 훌쩍 넘어가고 있다. 하지만 코로나19 기세가 꺾이기는커녕 하루에도 확진자가 500명 이상씩 발생하고 있다. 이런 위험한 시절에 가장 중요한 방역 수칙은 바로 '마스크 쓰기', '손 씻기'와 같은 사소한 습관이다.

전체적인 접근으로부터 시작하기

자신이 말하고자 하는 논제를 제시하기에 앞서 논제보다 넓은 문제를 제시하다가 점점 자신의 논제로 초점을 좁혀가는 식의 글쓰기 방법이다. 독자의 시선을 자신의 논제로 점점 끌어오는 데 효과가 있다.

> 이름이나 얼굴처럼 나를 표현하는 것은 여러 가지가 있다. 습관도 이름이나 얼굴 이상으로 나를 표현하는 것 중 하나가 될 수 있다. '습관이 나다'라는 말

이 있는데 이를 가장 잘 표현한 말일 것이다.

주장으로 시작하기

자신이 다루고자 하는 논제에 대해 주장을 먼저 하고 글을 전개하는 방식이다. 자신이 말하고자 하는 바를 먼저 주장함으로써 처음부터 초점을 분명히 할 수 있다.

> 우리는 좋은 습관을 길러야 한다. 작은 습관이 모여 결국은 큰 변화를 만들기 때문이다.

설득력 있는 본론 쓰기

본론은 자신이 말하고자 하는 논제에 대한 주장이 들어간다. 보통 서너 개 정도의 주장(소주제)이 들어가는데 각 주장은 한두 개의 문단으로 구성된다. 이 문단들이 얼마나 설득력 있게 쓰였는가에 따라 설득력 있는 글이 되기도 하고 설득력이 떨어지는 글이 되기도 한다.

중심 문장과 뒷받침 문장을 구분해서 쓴다

문단 내용을 대표하거나 주장이 직접적으로 드러난 문장을 중심 문장이라 한다. 그리고 중심 문장을 덧붙여 이유나 까닭을 설명하거나 예를 드는 방법 등으로 주장을 뒷받침해주는 문장을 뒷받침 문장이라 한다. 중심 문장의 위치에 따라 문단의 맨 앞에 오면 두괄식이라 하고 문단의 맨 뒤에 오면 미괄식이라 한다. 초등 수준에서는 두괄식을 사용하는 것이 무난하다. 중심 문장이 없거나 뒷받침 문장이 허술하면 문단의 완결성이나 긴밀성이 떨어져 설득력 있는 주장이 되기 어렵다.

약속을 잘 지키는 습관을 길러야 한다. 약속은 자신이나 다른 사람과 어떤 일을 지키기로 다짐한 것으로 신뢰를 줄 수 있기 때문이다. 또한 약속을 잘 지키면 사람들과 사이도 좋아진다. 뿐만 아니라 개개인이 약속을 잘 지키다 보면 신뢰가 넘치는 사회가 될 수 있다.

위 문단은 약속을 잘 지키는 습관을 길러야 한다는 주장을 중심 문장으로 하고 그 이유나 까닭을 뒷받침 문장으로 사용하여 자신의 주장을 펼쳤다.

중심 문장(주장)	* 약속을 잘 지키는 습관을 길러야 한다.
뒷받침 문장 (이유나 까닭)	* 약속은 자신이나 다른 사람과 어떤 일을 지키기로 다짐한 것으로 신뢰를 줄 수 있기 때문이다. * 약속을 잘 지키면 사람들과 사이도 좋아진다. * 개개인이 약속을 잘 지키다 보면 신뢰가 넘치는 사회가 될 수 있다.

자기주장을 드러내는 중심 문장과 뒷받침 문장을 이용하여 하나의 문단을 구성하는 것이 논술의 기본이다. 하지만 3, 4학년 아이들은 말할 것도 없고 고학년 아이들 중에서도 이를 잘 못하는 아이들이 즐비하다. 평소 일기 등을 쓸 때 자신의 의견과 이유, 까닭이 잘 드러나게 글을 쓰는 습관이 중요하다.

하루에 한두 개 정도 아래와 같은 서식에 맞춰 중심 문장과 뒷받침 문장을 써보면 논술을 할 때 많은 도움을 받을 수 있다.

중심 문장(주장)	*
뒷받침 문장(이유나 까닭)	* * *

4단 논법으로 주장을 펼친다

앞서 자신의 주장을 나타내는 중심 문장과 이유나 까닭을 나타내는 뒷받침 문장으로 문단을 구성하는 것을 살펴보았다. 좀 더 설득력 있고 치밀한 논리적 구조를 갖기 위해서는 이런 구조보다는 앞서 설명한 '4단 논법'으로 문단을 구성하는 것이 좋다. 4단 논법 즉 '의견 주장(Opinion)', '이유나 근거(Reason)'에서 끝내지 않고 '사례나 예시(Example)', '의견 강조(Opinion)'를 추가하여 좀 더 주장의 설득력을 높일 수 있다.

약속을 잘 지키는 습관을 길러야 한다. 약속은 자신이나 다른 사람과 어떤 일을 지키기로 다짐한 것이다. 약속을 잘 지키면 신뢰를 줄 수 있고, 사람들과 사이도 좋아진다. 뿐만 아니라 개개인이 약속을 잘 지키다 보면 신뢰가 넘치는 사회가 될 수 있다. 실제로 후진국일수록 약속을 잘 안 지키고 선진국일수록 약속을 잘 지키는 것을 알 수 있다.(→사례나 예시) 우리나라가 좀 더 살기 좋은 선진국이 되기 위해서라도 개개인이 약속을 잘 지키는 습관을 길러야 한다.(→의견 강조)

앞서 '약속을 잘 지키는 습관을 길러야 한다' 글에 '사례나 예시(Example)', '의견 강조(Opinion)'를 추가하였다. 좀 더 글이 짜임새가 있고 설득력이 있으며 글의 격이 한결 높아진 느낌이 든다. 고학년이라면 간단하게나마 이 정도 문단을 구성할 수 있게 연습해야 한다. 다음과 같은 서식에 맞춰 하루에 한 개 정도씩 논제를 정해 써보면 4단 논법에 익숙해질 수 있고 논술을 할 때 많은 도움을 받을 수 있다.

중심 문장(주장)	*
뒷받침 문장 — 이유나 근거	* * *
뒷받침 문장 — 사례나 예시	* * *
뒷받침 문장 — 의견 강조	*

주장의 재강조와 요약하는 결론 쓰기

편지는 자신이 할 말을 다한 후에 마지막에 끝인사와 쓴 날짜, 발신인 등을 적는 것이 일반적인 형식이다. 마찬가지로 논술에서는 마지막에 자신의 주장(본론)이 다 끝난 후에는 결론을 적는다. 편지글처럼 논술 결론도 일정 형식을 갖고 있다. 그 형식에 맞게 결론을 쓰면, 크게 문제가 없는 결론을 쓸 수 있다. 결론은 크게 '요약하기'와 '최종 주장'으로 나눌 수 있다.

요약하기

본론에서 자신이 주장했던 내용을 간추리는 과정이다. 요약은 자신의 주장을 다시 한 번 독자에게 환기시킴으로써 주장 강조의 효과가 있다. 일반적으로 본론에서 주장했던 각 주장의 중심 문장을 나열하면 된다. 하지만 이런 방법은 글이 좀 식상해지거나 탄력이 떨어질 수 있다. 글쓰기 능력이 된다면 좀 다른 각도에서 정리하는 것이 좋다.

최종 주장(실천 촉구, 결의)

최종 주장은 글의 결론 중의 결론이라 할 수 있다. 자신이 글을 통해 말하고 싶은 바를 마지막으로 한두 문장 정도로 최종 주장을 펼치게 된다. 논술은 자신의 의견을 주장하는 글이기에 자연스럽게 최종 주장은 '~합시다'와 같이 실천을 촉구하는 형식으로 마무리된다.

이상으로 좋은 습관의 예를 통해 습관의 중요성과 이유를 알아보았다. 습관은 우리 삶에서 아주 중요한 역할을 한다. 처음에는 어려운 일도 자주 하다 보면 습관이 되어 우리 삶을 바꿀 수 있다. 자신의 삶을 발전하게 하는 좋은 습관이 있는가 하면 좋지 않은 습관도 있다. 여러분은 어떤 습관을 기르고 싶나요? 우리 모두 좋은 습관을 기를 수 있도록 꾸준히 노력합시다.

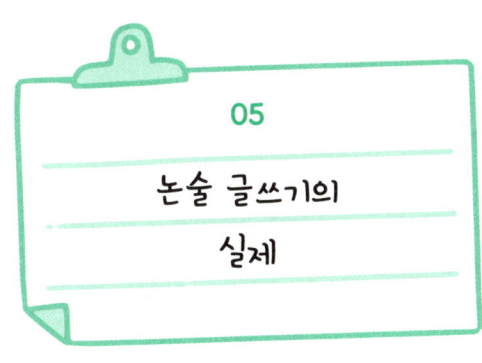

05 논술 글쓰기의 실제

이제까지 소개한 논술 쓰기 단계에 맞춰 '좋은 습관을 기르자'라는 논제를 가지고 논술한 글을 한 편 소개하고자 한다. 이 글은 현행 3학년 1학기 국어 8단원 '좋은 습관을 기르자'라는 글을 참고해서 고학년들도 살펴보도록 각색한 글임을 밝힌다. 글을 반복해서 읽고 논제를 바꿔서 글을 써보면 논술을 어렵지 않게 접근할 수 있다.

좋은 습관을 기르자	제목
우리는 좋은 습관을 길러야 한다. 작은 습관이 모여 결국은 큰 변화를 만들기 때문이다. 습관이란 어떤 행동을 오랫동안 되풀이하면서 저절로 몸에 익은 행동을 말한다. 예를 들어 꾸준히 일기를 쓴다든가 말을 바르고 곱게 하는 것, 몸을 깨끗이 잘 씻는 것 따위는 작지만 좋은 습관이다. 좋은 습관이란 무엇인지 알아보고, 좋은 습관을 기르기 위해 노력해보자.	서론

첫째, 약속을 잘 지키는 습관을 길러야 한다. 약속은 자신이나 다른 사람과 어떤 일을 지키기로 다짐한 것으로 신뢰를 줄 수 있기 때문이다. 또한 약속을 잘 지키면 사람들과 사이도 좋아진다. 뿐만 아니라 개개인이 약속을 잘 지키다 보면 신뢰가 넘치는 사회가 될 수 있다. 실제로 후진국일수록 약속을 잘 안 지키고 선진국일수록 약속을 잘 지키는 것을 알 수 있다. 우리나라가 좀 더 살기 좋은 선진국이 되기 위해서라도 개개인이 약속을 잘 지키는 습관을 길러야 한다.	소주장1
둘째, 날마다 운동하는 습관을 기르자. 날마다 운동을 하면 몸과 마음이 건강해진다. 예를 들어 아침 일찍 일어나 달리기나 줄넘기 같은 운동을 하면 하루를 활기차게 시작할 수 있다. 그리고 그날 무엇을 할지 생각해보는 여유가 생길 수 있다. 이처럼 날마다 운동을 하면 우리 생활에 많은 도움을 받을 수 있다. 따라서 날마다 운동하는 습관을 기르도록 노력해야 한다.	소주장2
셋째, 고마워하는 마음을 표현하는 습관을 기르자. 작은 일에도 고마워하는 마음을 표현하면 주변 사람과 자기 자신 모두를 행복하게 만들 수 있기 때문이다. 고마워하는 사람이 그렇지 않은 사람보다 인생을 훨씬 성공적이고 행복하게 산다는 통계들도 많이 나와 있다. 그러므로 작은 일에도 고마워하는 마음을 표현하는 습관을 길러보자.	소주장3

위 본문을 하나의 셀로 묶어 본론으로 표시

이상으로 좋은 습관의 예를 통해 습관의 중요성과 이유를 알아보았다. 습관은 우리 삶에서 아주 중요한 역할을 한다. 처음에는 어려운 일도 자주 하다 보면 습관이 되어 우리 삶을 바꿀 수 있다. 자신의 삶을 발전하게 하는 좋은 습관이 있는가 하면 좋지 않은 습관도 있다. 여러분은 어떤 습관을 기르고 싶은가? 우리 모두 좋은 습관을 기를 수 있도록 꾸준히 노력하자.	결론

글쓰기 실력, 얼마든지 달라질 수 있다

글쓰기는 타고난 아이들이 잘하는 것이라고 치부하며 글쓰기를 지레 포기하는 아이나 학부모들이 있다. 하지만 이것은 글쓰기에 대한 오해에서 비롯된 것이 아닐까 싶다. 만약 내 아이에게 피아노를 가르친다고 생각해 보자. 아이를 유명한 피아니스트로 만들기 위해 자녀에게 피아노를 가르치는 사람들이 얼마나 될까? 대부분의 부모들은 음악적 감수성을 길러주고, 행복한 인생을 살아가길 바라는 마음에서 피아노를 가르칠 것이다.

글쓰기도 마찬가지이다. 유명한 작가를 만들기 위해 글쓰기를 가르치는 것이 아니다. 글쓰기가 필요한 삶의 많은 순간에, 제대로 글을 쓸 수 있고, 글쓰기를 통해 좀 더 깊이 있는 사람이 되기를 바라는 마음에서 글쓰기를 가르치는 것이다.

글쓰기는 선천적으로 타고난 글쓰기 재능이 있는 아이만이 할 수 있는 특별한 것이 아니다. 후천적으로 배우면 충분히 잘할 수 있다.

글쓰기는 크게 '문학적 글쓰기'와 '실용적 글쓰기'로 나눌 수 있다. 문학적 글쓰기는 시나 소설, 수필 등이 해당한다. 이런 문학적 글쓰기는 글쓰기 능력 위에 예술적 재능이나 감각이 있어야 한다. 예술적 재능이나 감각은 타고나는 측면이 크다. 때문에 문학적 글쓰기는 타고난 재능이 있는 사람 중에 글쓰기 연습을 많이 한 사람들이 잘할 수 있다. 하지만 실용적 글쓰기는 다르다. 우리가 일상생활에서 쓰는 일기, 독서 감상문, 편지, 보고서, 칼럼 등 대부분은 실용적 글쓰기 영역이라 할 수 있다. 이런 실용적 글쓰기에서는 그냥 자기 능력껏 표현하고 설명하고 묘사하면 된다. 이것은 자신의 노력에 따라 얼마든지 달라질 수 있는 것이다.

　글쓰기는 특별한 것이 아니다. 대부분 사람들이 인생의 많은 장면에서 자연스럽게 마주할 수 있는 것이 글쓰기이다. 때문에 내 아이에게 글쓰기 재능이 있느냐 없느냐를 너무 따지지 말고, 어떻게 하면 글을 제대로 쓰는 아이로 만들 수 있는지를 고민하는 것이 좀 더 지혜로운 부모의 태도가 아닐까 싶다.

에필로그

책을 집필할 때마다 느끼는 것이 있다면 한 권의 책을 집필하기 전과 집필한 후의 나의 모습은 전혀 다른 모습이 되어 있다는 사실이다. 몇 개월에 걸쳐 글쓰기와 씨름하다 보면 집필이 끝나갈 즈음에는 책을 쓰기 전과 비교할 수 없을 만큼 성장해 있는 모습을 발견하곤 한다. 남의 눈에는 어떻게 보일지 모르지만 최소한 내가 보기에는 그렇다.

이번 글쓰기 관련 책을 집필하면서는 이런 느낌을 더욱 강하게 받았다. 처음 글쓰기를 주제로 책을 집필하기 전에는 별로 어렵지 않게 생각했다. 지난 15년 세월 동안 30권 가까운 책을 집필해본 경험이라면 충분히 쉽게 쓸 수 있을 거라 생각했다.

하지만 이 생각은 너무 안이하고 교만한 생각이었다는 사실을 알게 되었다. 글쓰기 관련 책들을 읽어가면서 먼저 나의 글쓰기를 돌아보게 되었다. 나의 글쓰기가 기초는 제대로 놓았는지부터 제대로 된

방향성을 가지고 있는지 생각해보게 되었다. 이런 반성을 통해 아이들의 글쓰기 지도도 돌아보는 계기가 되었다. 아이들에게 글쓰기 지도를 어떻게 해야 할지가 분명해지고 확신이 들기 시작했다.

아이들을 위한 글쓰기 지도에 도움을 주고자 집필하기 시작한 책이 나의 글쓰기를 되돌아보게 만드는 책이 되었다. 글쓰기의 중요성을 새삼 깨닫고 알아가는 유익한 시간이 되었다. 무면허로 작가 생활을 하다가 이제 비로소 작가로서의 면허증을 딴 기분이 들기도 한다. 이 책을 계기로 글쓰기에 관해 전혀 다른 사람이 된 느낌이다.

끝으로 항상 글을 쓸 때마다 지혜를 부어주시고 좋은 생각들로 채워주시는 하나님께 모든 영광을 돌린다.

1일 1문장 초등 자기주도 글쓰기의 힘

초판 1쇄 인쇄 2022년 7월 14일 **초판 1쇄 발행** 2022년 7월 27일

지은이 송재환
펴낸이 이승현

편집1 본부장 한수미
라이프 팀장 최유연
편집 김소현
디자인 하은혜

펴낸곳 ㈜위즈덤하우스 **출판등록** 2000년 5월 23일 제13-1071호
주소 서울특별시 마포구 양화로 19 합정오피스빌딩 17층
전화 02) 2179-5600 **홈페이지** www.wisdomhouse.co.kr

ⓒ 송재환, 2022
ISBN 979-11-6812-372-4 13590

* 이 책의 전부 또는 일부 내용을 재사용하려면 반드시 사전에 저작권자와
  ㈜위즈덤하우스의 동의를 받아야 합니다.
* 인쇄·제작 및 유통상의 파본 도서는 구입하신 서점에서 바꿔드립니다.
* 책값은 뒤표지에 있습니다.

차례

01 문장 만들기 놀이   2

02 이야기 만들기 놀이   6

03 감정 문장 적기   10

04 독서 후 한 줄 소감 문장 쓰기   14

05 책을 읽고 감동 문장 쓰기   18

06 영상 시청 소감 쓰기   22

07 오늘의 감사한 일 쓰기   26

08 입으로 일기를 써보기   30

09 감정 사전 일기 쓰기   34

10 독서 일기 쓰기   38

11 수학 일기 쓰기   42

12 독서 감상문 쓰기 전 준비하기   46

13 자기 생각 분명히 드러내어 쓰기   52

14 4단 논법으로 논리적 글쓰기   56

15 중심 문장과 뒷받침 문장 쓰기   60

16 논술 직접 써보기   64

1 문장 만들기 놀이

주어진 단어를 이용하여 문장을 만들어보세요.

(예시)

엄마, 사과, 방

- 엄마가 사과를 들고 방에 가셨다.

- 방에 있는 사과를 엄마가 드셨다.

- 엄마 방에 사과가 있다.

- 엄마가 방에 굴러다니는 사과를 치웠다.

- 방에 갔는데 엄마 냄새가 아니라 사과 냄새가 났다.

(1) 아이스크림, 동생

예시 : 아이스크림을 보고 동생이 먹고 싶다며 울었다.

1 _____

2 _____

3 _____

(2) 여행, 아빠

1 _____

2 _____

3 _____

(3) 가방, 교실, 친구

1
2
3
4

(4) 할머니, 자전거, 과일

1
2
3
4

(5) 강아지, 꼬리, 간식

1 _____

2 _____

3 _____

4 _____

(6) 피자, 전화, 누나

1 _____

2 _____

3 _____

4 _____

2 이야기 만들기 놀이

주어진 단어를 이용하여 이야기를 만들어보세요.

(예시)

엄마, 사과, 방, 쥐, 자다, 피둥피둥

옛날에 사과를 좋아하는 엄마가 있었습니다. 이 엄마는 사과를 얼마나 좋아했는지 방에는 온통 사과로 꽉 채워져 있었습니다.

그런데 어느 날 쥐 한 마리가 그 방에 들어오게 되었습니다. 쥐는 매일 사과를 먹으면서 먹고 자고를 반복했습니다.

이윽고 한 달이 흘렀습니다. 쥐는 피둥피둥 살이 쪄서 마치 회색 사과처럼 변하고 말았습니다. 이를 어쩌죠?

엄마, 사과, 방, 쥐, 자다, 피둥피둥

주어진 단어를 이용하여 이야기를 만들어보세요.

(예시)
물렁물렁, 탱글탱글, 보들보들, 아삭아삭, 왁자지껄, 데굴데굴

과일 나라에는 다양한 과일들이 살고 있었어요. 물렁물렁 키위, 탱글탱글 오렌지, 아삭아삭 사과, 보들보들 밤이 모여 사이좋게 지냈어요.

하루는 과일들이 모여 과일 나라의 왕을 뽑자고 했어요. 그러자 여기저기서 서로 자기가 과일 나라의 왕이 되겠다고 하면서 왁자지껄 떠들기 시작했어요.

먼저 보들보들 밤이 데굴데굴 구르면서 잘난 척을 하며 말했어요.

"야, 너희 중에 나처럼 잘 구르는 과일 있어? 내가 제일 잘 구르니까 내가 왕이 되어야 해."

이 말을 듣던 키위가 코웃음을 치면서 말했어요.

"흥, 구르기 잘하는 게 뭐 대단하다고? 왕은 나처럼 털이 많아야지."

키위는 자신의 털을 잔뜩 뽐냈어요.

물렁물렁, 탱글탱글, 보들보들, 아삭아삭, 왁자지껄, 데굴데굴

③ 감정 문장 적기

오늘 내가 느낀 감정을 적고, 표에 적은 내용을 그대로 옮겨 적어보세요.

(예시)

구분	문장 쓰기
오늘 나의 감정	나는 오늘 기쁘다.
이유나 까닭	왜냐하면 수학 시험 100점을 받았기 때문이다.
해결 방법	엄마, 아빠가 칭찬을 많이 해주시면 좋겠고 치킨을 사주시면 좋겠다.

0월 0일

나는 오늘 기쁘다. 왜냐하면 수학 시험 100점을 받았기 때문이다. 엄마, 아빠가 칭찬을 많이 해주시면 좋겠고 치킨을 사주시면 좋겠다.

(1)

구분	문장 쓰기
오늘 나의 감정	
이유나 까닭	
해결 방법	

___월 ___일

(2)

구분	문장 쓰기
오늘 나의 감정	
이유나 까닭	
해결 방법	

___월 ___일

(3)

구분	문장 쓰기
오늘 나의 감정	
이유나 까닭	
해결 방법	

___월 ___일

④ 독서 후 한 줄 소감 문장 쓰기

책을 읽고 나서 소감을 적을 때 두루뭉술한 표현을 삼가고 구체적이고 정확하게 써야 합니다.
『강아지똥』 책을 읽고 쓴 예시를 살펴보고, 책을 읽은 후 소감을 써보세요.

(예시)

두루뭉술한 한 줄 소감	구체적인 한 줄 소감
● 참 재미있었다. ● 참새가 나빴다.	● 강아지가 똥을 싸는 장면이 재미있었고, 강아지똥이 말한다는 사실이 신기했다. ● 착한 강아지똥을 콕콕 쪼면서 못살게 구는 참새가 참 나쁘다고 생각했다.

(1)

책 제목		지은이		읽은 날짜	
소감					

(2)

책 제목		지은이		읽은 날짜	
소감					

(3)

책 제목		지은이		읽은 날짜	
소감					

5 책을 읽고 감동 문장 쓰기

책을 읽은 후 책 제목과 그 문장이 어느 장면에 나오는 문장이고,
왜 감동이 있었는지를 간단히 적어보세요.
가끔씩 들춰서 읽어보면 그때의 감동이 되살아납니다.

(예시)

책 제목	감동 문장	장면 및 까닭
『강아지똥』	네 몸뚱이를 고스란히 녹여 내 몸 속으로 들어와야 해.	민들레가 강아지똥에게 아름다운 꽃을 피우기 위해 거름이 되어줄 것을 부탁하며 건넨 말. 남을 위해 희생하는 강아지똥의 모습이 위대해 보여서.
『아낌없이 주는 나무』	그래서 나무는 행복했지만 정말 그런 것은 아니었습니다.	소년이 나무를 베어 배를 만들어 타고 멀리 떠나자 나무의 마음을 표현한 말. 몸통이 베인 나무의 마음에 가슴 아팠기 때문에.

(1)

책 제목	감동 문장	장면 및 까닭

(2)

책 제목	감동 문장	장면 및 까닭

(3)

책 제목	감동 문장	장면 및 까닭

❻ 영상 시청 소감 쓰기

오늘 텔레비전이나 유튜브 등에서 본 영상이 있나요?
영상을 보고 인상적인 내용과 자신의 소감을 간단하게 적어보세요.

(예시)

영상 제목	만약 산소가 두 배라면 지구에 어떤 일이 일어날까?	재생 시간	4:45	시청 날짜	2022. 7. 11
중요 내용 및 소감	1. 사람 에너지의 90%는 산소에서 나온다.				
	2. 산소가 두 배로 늘면 곤충이 100cm 이상으로 엄청 커진다. 그리고 산소 중독이 발생한다.				
	3. 산소가 많아진다고 좋아지는 것은 아니다.				

(1)

영상 제목		재생 시간		시청 날짜	
중요 내용 및 소감					

(2)

영상 제목		재생 시간		시청 날짜	
중요 내용 및 소감					

(3)

영상 제목		재생 시간		시청 날짜	
중요 내용 및 소감					

7 오늘의 감사한 일 쓰기

오늘 하루 동안 있었던 일 중에 감사한 일을 적어보세요.
감사한 일을 적을 때는 두루뭉술한 표현보다는 구체적으로 적어야 합니다.
예를 들면 '엄마가 맛있는 반찬을 해주셔서 감사하다'라는 표현보다는
'저녁 반찬으로 엄마가 맛있는 시금치 나물을 해주셔서 감사하다'로
적는 것이 더 바람직합니다.

(예시)

- 엄마가 숙제를 하기 전에 책을 5분 동안 보게 해주셔서 감사하다.
- 쉬는 시간에 할 게 없었는데 선생님께서 같이 이야기해주셔서 감사하다.
- 아빠께서 아침에 가방을 들어주셔서 감사하다.
- 학원 끝나고 집에 왔을 때 엄마가 "수고했어"라고 말해줘서 감사하다.
- 아빠께서 음악 시간에 쓸 칼림바를 사주셔서 감사하다.
- 3교시 쉬는 시간에 친구가 나랑 대화를 해줘서 감사했다.
- 체육 시간에 선생님께서 내가 잘하고 있다고 말해주셔서 감사했다.

(1)

오늘의 감사한 일

월   일

1

2

3

4

(2)

오늘의 감사한 일

월   일

1

2

3

4

(3)

오늘의 감사한 일

월   일

1

2

3

4

8 입으로 일기를 써보기

오늘 있었던 일을 부모님과 함께 이야기하며 그대로 써보고,

그 말들을 글로 새로 써보세요.

(예시)

일기 입으로 써보기
"혹시 오늘 기억에 남는 일 있니?" "점심시간에 기분이 안 좋았어요." "왜?" "친구 ○○랑 싸웠거든요." "왜 싸웠는데?" "개가 먼저 내 별명을 부르고 놀려서 나도 그 친구 별명을 불렀어요. 그러다가 주먹질을 하게 되었어요." "그래? 속상했겠다. 그때 네 마음은 어땠니?" "아주 기분이 나빴고 슬펐어요. 그 친구하고 당분간 놀지 않을래요." "지금 대화 나눈 것을 일기로 써보자."
입으로 쓴 것을 글로 쓰기
점심시간에 생긴 일 오늘 점심시간에 기분이 아주 안 좋은 일이 벌어졌다. 친구 ○○와 싸웠다. 그 친구가 먼저 내 별명을 불러 나도 화가 나서 그 친구의 별명을 불렀다. 그러다가 우리는 서로 주먹질까지 하게 되었다. 서로 별명을 부르다가 싸움으로까지 번지게 되어 기분이 나빴고 슬펐다. 그 친구가 먼저 잘못한 것이니 사과할 마음은 없다. 그 친구와 당분간 놀지 말아야겠다.

(1)

일기 입으로 써보기

입으로 쓴 것을 글로 쓰기

(2)

일기 입으로 써보기

입으로 쓴 것을 글로 쓰기

(3)

일기 입으로 써보기

입으로 쓴 것을 글로 쓰기

⑨ 감정 사전 일기 쓰기

자신이 느끼는 감정 낱말을 하나 적어보고, 그 감정 낱말을
사전적인 정의와 함께 나만의 정의를 내려보세요.

감정 사전 일기로 적당한 낱말의 예

감사하다, 기쁘다, 슬프다, 신난다, 날아갈 듯하다, 속상하다, 억울하다, 우울하다, 답답하다, 따뜻하다, 걱정된다, 화난다, 좋다, 싫다, 못됐다, 기대된다.

(예시)

[감정 사전 일기]

감정 낱말 : 속상하다.

사전적 의미 : 마음이 불편하고 우울하다.

나만의 사전 : 내가 문자를 보냈는데 친구가 연락을 안 할 때 느끼는 감정, 엄마가 동생 편만 들 때 드는 기분

짧은 글 : 쉬는 시간에 친구 ○○가 나와 놀기 싫다고 해서 속상했다.

(1)

[감정 사전 일기]

감정 낱말 :

사전적 의미 :

나만의 사전 :

짧은 글 :

(2)

[감정 사전 일기]

감정 낱말 :

사전적 의미 :

나만의 사전 :

짧은 글 :

(3)

[감정 사전 일기]

감정 낱말 :

사전적 의미 :

나만의 사전 :

짧은 글 :

10 독서 일기 쓰기

일기장에도 자신이 읽고 있거나 읽은 책에 대해 '독서 일기'를 써볼 수 있어요. 아래와 같은 예시처럼 자신이 읽은 책에 대해 간단히 일기를 써보세요.

(예시)

『꽃들에게 희망을』을 읽으면서

오늘 『꽃들에게 희망을』 책을 읽다가 감동적이고 인상 깊은 문장을 찾았다. 그건 바로 '너는 아름다운 나비가 될 수 있어'이다. 영어로 하면 'You can be a beautiful butterfly'이다.

그리고 나는 나와 비슷한 생각을 하는 호랑 애벌레의 생각을 읽었는데 이랬다. '그저 먹고 자라는 것만이 삶의 전부는 아닐 거야. 이런 삶과는 다른 무언가가 있을 게 분명해'이다.

『꽃들에게 희망을』에는 이런 좋은 문장들이 많이 나오는 것 같다. 그래서 나는 이 책이 마음에 든다. 앞으로도 이런 문장들을 많이 찾아봐야겠다.

(1)

읽으면서

(2)

읽으면서

(3)

읽으면서

11 수학 일기 쓰기

수학 일기는 수학 시간에 배운 중요한 내용을 바탕으로 일기를 쓰는 것입니다.
수업 시간에 집중한 후, 배운 내용을 일기로 써보세요.

(예시)

제목 : 기발한 우리 선생님

오늘 수학 시간에 직사각형에 대해 배웠다. 나는 직사각형의 변 중 2개는 길고 2개는 짧은 도형인 줄 알았다. 하지만 직사각형은 각 4개가 모두 직각인 사각형인 도형이었다.

그런데 갑자기 선생님이 '은하철도 999'를 틀어주셨다. 그리고 은하철도 999의 '힘차게 달려라 은하철도 999, 힘차게 달려라 은하철도 999, 은하철도 999'를 '네 각이 모두 다 직각인 사각형, 네 각이 모두 다 직각인 사각형, 직사각형이라 합니다'로 편곡했다. 우리는 모두 깔깔거리며 선생님의 노래를 따라 불렀다. 우리 선생님은 정말 기발하신 것 같다. 수학을 노래로 가르칠 생각을 하시니까 말이다.

(1)

제목 :

(2)

제목 :

(3)

제목:

12 독서 감상문 쓰기 전 준비하기

독서 감상문의 틀을 미리 잡아놓으면 글쓰기가 쉬워집니다.
쓰기 전에 다음과 같은 사항들을 준비하면 좋습니다.
다음의 예시를 참고해서 감상문을 써보세요.

(예시)

간단한 책 정보	책 제목 : 『강아지똥』 출판사 : 길벗어린이 글쓴이 : 권정생 그린이 : 정승각 책 읽은 날짜 : ○○○○년 ○월 ○일
글쓴이	권정생(1937-2007) 1937년 일본 도쿄에서 태어났다. 1969년 『강아지똥』으로 '기독교 교육'의 제1회 아동문학상을 받으며 본격적인 작품 활동을 시작했다. 사람들에게 관심을 받지 못하는 작고 보잘것없는 것들에 대한 관심과 애정을 담은 진솔한 작품들을 썼다. 『오소리네 집 꽃밭』, 『황소 아저씨』 등의 작품이 있다.
제목	『강아지똥』을 읽고 동생아, 내가 꼭 껴안아줄게-
동기	동네 도서관에서 책을 고르다가 강아지가 똥을 싸는 겉표지가 재미있어 보여 읽게 됨.

주제	강아지똥이 민들레꽃을 피우기 위해 민들레를 꽉 껴안아주었듯이 나도 동생과 사이좋게 지내기 위해 사랑하며 살아야겠다.
중요 내용 정리	**인물** : 주인공(강아지똥), 주변 인물(민들레, 흰둥이, 참새, 흙, 병아리, 농부) **배경** : 어느 가을날부터 봄날까지 시골 골목길 담벼락 구석진 곳 **사건(장면)** : 가장 기억에 남는 사건(강아지똥이 민들레꽃을 피우기 위해 민들레를 꽉 껴안는 장면), 가장 슬펐던 장면(강아지똥이 참새와 병아리 등에게 무시받는 장면), 가장 재미있었던 장면(흰둥이가 담벼락 밑에서 똥을 누는 장면) **가장 멋진 문장** : 네 몸뚱이를 고스란히 녹여 내 몸 속으로 들어와야 해. 그래야만 별처럼 고운 꽃이 핀단다. (민들레가 강아지똥에게 도움을 청하는 대사)
줄거리	어느 날 시골 골목길 담 밑 구석에 흰둥이 강아지가 똥을 눴다. 강아지똥은 참새, 흙덩이, 병아리 등이 잠시 관심을 가져줬지만 모두 더럽고 냄새나는 똥이라며 무시하며 떠나가버렸다. 어느 봄날 강아지똥 앞에 민들레 싹이 돋아났다. 민들레는 자신이 아름다운 꽃을 피우기 위해서는 강아지똥이 거름이 되어주어야 한다며 도움을 청한다. 강아지똥은 민들레를 위해 자신의 몸을 내어주고 아름다운 민들레꽃을 피운다.
감상	이 책을 읽으면서 특히 감동적이던 장면은, 강아지똥이 민들레꽃을 피우게 도와주기 위해 민들레를 꽉 껴안는 장면이다. 자기 몸뚱이를 고스란히 빗물에 녹이면서 민들레를 위해 꽉 껴안는 장면을 보면서 나도 모르게 눈물이 왈칵 쏟아졌다. 이 장면과 함께 계란프라이 때문에 동생과 싸웠던 일이 생각났다. 엄마한테 혼났었는데 이 책을 읽고 동생에게 미안하다고 말하며 꽉 껴안아주었다.
뒷부분	이 책은 여러 가지를 생각하게 만드는 고마운 책이다. 동생에게 읽어 보라고 하고 싶다. 무엇보다 권정생 작가님께 고맙다고 말하고 싶다.

간단한 책 정보	책 제목 : 출판사 : 글쓴이 : 그린이 : 책 읽은 날짜 : 년 월 일
글쓴이	
제목	

동기	
주제	
중요 내용 정리	인물 : 배경 : 사건(장면) : 가장 멋진 문장 :

줄거리

감상

| 뒷부분 | |

위의 글만으로도 독서 감상문을 절반 이상 쓴 것이나 다름없습니다.
이 내용을 토대로 글이 매끄럽게 연결되도록 하여
노트에 따로 독서 감상문을 직접 써보세요.

13 자기 생각 분명히 드러내어 쓰기

자기 생각이 분명히 드러나는 글은 '생각, 까닭, 사실'이 드러나는 문장을 말합니다. '생각, 까닭, 사실'이 드러나는 문장을 쓰면 논술 글쓰기를 할 때 논리적인 글쓰기가 매우 쉬워집니다. 아래 예시를 참고하여 자유롭게 써보세요.

(예시)

- **생각** : 나는 아빠를 좋아한다.
- **까닭** : 아빠는 나에게 다정하게 대해주시기 때문이다.
- **사실** : 아빠는 친구처럼 다정하게 말씀하신다. 아빠는 내 연필도 깎아주신다. 아빠는 학교 숙제도 잘 도와주신다.

나는 아빠를 좋아한다. 왜냐하면 아빠는 나에게 다정하게 대해주시기 때문이다. 아빠는 친구처럼 다정하게 말씀해주시기도 하고, 가끔 내 연필을 깎아주시기도 하고, 학교 숙제도 잘 도와주신다. 나는 이런 아빠가 참 좋다.

(1)

- **생각** : 나는 _____를 좋아한다.

- **까닭** :

- **사실** :

위의 생각, 까닭, 사실에 쓴 내용을 그대로 이어서 써보세요.

(2)

- **생각** : 나는 _____ 를 좋아한다.

- **까닭** :

- **사실** :

위의 생각, 까닭, 사실에 쓴 내용을 그대로 이어서 써보세요.

(3)

- **생각** : 나는 _____를 좋아한다.

- **까닭** :

- **사실** :

위의 생각, 까닭, 사실에 쓴 내용을 그대로 이어서 써보세요.

14 4단 논법으로 논리적 글쓰기

논리적 글쓰기 중에 '4단 논법'이라는 것이 있습니다. 이는 앞의 '생각, 까닭, 사실'을 좀 더 발전시킨 것이지요. 4단 논법으로 표현하면 좀 더 자신의 생각이나 의견을 강하고 효과적으로 주장할 수 있습니다. 다음의 예시를 참고하여 글을 써보세요.

(예시)

4단 논법 단계	주장 예시
의견 주장	스마트폰 바꿔주세요.
이유나 근거	왜냐하면, 너무 오래 사용해서 배터리도 너무 빨리 방전되고, 사진 해상도도 너무 낮고, 속도도 너무 느린 것 같아요.
사례나 예시	며칠 전 수업 시간에 스마트폰을 활용하여 자료 검색하는데 검색 속도가 너무 느렸고, 배터리가 방전되어서 애를 먹었단 말이에요.
의견 강조	그러니까 새 것으로 바꿔주세요. 가급적 새로 나온 OO폰이 좋은 것 같아요. 배터리 수명이 오래가고 사진 해상도도 좋고 속도도 엄청 빠르거든요.

(1)

4단 논법 단계	주장 예시
의견 주장	
이유나 근거	
사례나 예시	
의견 강조	

(2)

4단 논법 단계	주장 예시
의견 주장	
이유나 근거	
사례나 예시	
의견 강조	

(3)

4단 논법 단계	주장 예시
의견 주장	
이유나 근거	
사례나 예시	
의견 강조	

15 중심 문장과 뒷받침 문장 쓰기

논설문에서 문단 내용을 대표하거나 주장이 직접적으로 드러난 문장을 '중심 문장'이라 하고, 중심 문장을 덧붙여 이유나 까닭을 설명하거나 예를 드는 방법 등으로 주장을 뒷받침해주는 문장을 '뒷받침 문장'이라고 합니다. 중심 문장과 뒷받침 문장을 통해 설득력 있는 글을 쓸 수 있습니다. 다음 예시를 참고하여 글을 써보세요.

(예시)

중심 문장 (주장)	• 약속을 잘 지키는 습관을 길러야 한다.
뒷받침 문장 (이유나 까닭)	• 약속은 자신이나 다른 사람과 어떤 일을 지키기로 다짐한 것으로 신뢰를 줄 수 있기 때문이다. • 약속을 잘 지키면 사람들과 사이도 좋아진다. • 개개인이 약속을 잘 지키다 보면 신뢰가 넘치는 사회가 될 수 있다.

(1)

중심 문장(주장)	• 복도에서 뛰지 않아야 합니다.
뒷받침 문장 (이유나 까닭)	• • •

(2)

중심 문장(주장)	● 고운 말을 사용해야 합니다.
뒷받침 문장 (이유나 까닭)	● ● ●

(3)

중심 문장(주장)	● 길가에 쓰레기를 버리지 맙시다.
뒷받침 문장 (이유나 까닭)	● ● ●

16 논술 직접 써보기

다음의 글은 '좋은 습관을 기르자'라는 논제를 가지고 논술한 글입니다.
다음의 내용을 참고하여 직접 한번 써보세요.

(예시)

좋은 습관을 기르자	제목	
우리는 좋은 습관을 길러야 한다. 작은 습관이 모여 결국은 큰 변화를 만들기 때문이다. 습관이란 어떤 행동을 오랫동안 되풀이하면서 저절로 몸에 익은 행동을 말한다. 예를 들어 꾸준히 일기를 쓴다든가 말을 바르고 곱게 하는 것, 몸을 깨끗이 잘 씻는 것 따위는 작지만 좋은 습관이다. 좋은 습관이란 무엇인지 알아보고, 좋은 습관을 기르기 위해 노력해보자.	서론	
첫째, 약속을 잘 지키는 습관을 길러야 한다. 약속은 자신이나 다른 사람과 어떤 일을 지키기로 다짐한 것으로 신뢰를 줄 수 있기 때문이다. 또한 약속을 잘 지키면 사람들과 사이도 좋아진다. 뿐만 아니라 개개인이 약속을 잘 지키다 보면 신뢰가 넘치는 사회가 될 수 있다. 실제로 후진국일수록 약속을 잘 안 지키고 선진국일수록 약속을 잘 지키는 것을 알 수 있다. 우리나라가 좀 더 살기 좋은 선진국이 되기 위해서라도 개개인이 약속을 잘 지키는 습관을 길러야 한다.	소주장1	본론

둘째, 날마다 운동하는 습관을 기르자. 날마다 운동을 하면 몸과 마음이 건강해진다. 예를 들어 아침 일찍 일어나 달리기나 줄넘기 같은 운동을 하면 하루를 활기차게 시작할 수 있다. 그리고 그날 무엇을 할지 생각해보는 여유가 생길 수 있다. 이처럼 날마다 운동을 하면 우리 생활에 많은 도움을 받을 수 있다. 따라서 날마다 운동하는 습관을 기르도록 노력해야 한다.	소주장 2	본론
셋째, 고마워하는 마음을 표현하는 습관을 기르자. 작은 일에도 고마워하는 마음을 표현하면 주변 사람과 자기 자신 모두를 행복하게 만들 수 있기 때문이다. 고마워하는 사람이 그렇지 않은 사람보다 인생을 훨씬 성공적이고 행복하게 산다는 통계들도 많이 나와 있다. 그러므로 작은 일에도 고마워하는 마음을 표현하는 습관을 길러보자.	소주장 3	본론
이상으로 좋은 습관의 예를 통해 습관의 중요성과 이유를 알아보았다. 습관은 우리 삶에서 아주 중요한 역할을 한다. 처음에는 어려운 일도 자주 하다 보면 습관이 되어 우리 삶을 바꿀 수 있다. 자신의 삶을 발전하게 하는 좋은 습관이 있는가 하면 좋지 않은 습관도 있다. 여러분은 어떤 습관을 기르고 싶은가? 우리 모두 좋은 습관을 기를 수 있도록 꾸준히 노력하자.		결론

고운 말을 사용하자	제목	
우리는 고운 말을 사용해야 한다.	서론	
첫째,	소주장 1	본론

둘째,	소주장 2	본론
셋째,	소주장 3	본론

결론

위와 같이 꾸준히 글을 쓴다면 논술 실력은 크게 향상될 것입니다.
이외에도 쓰고 싶은 주제가 있다면,
위의 형식을 토대로 논술을 직접 써보세요.